Feminismo

NIS

MO

PRA QUEM?

DANIELA MORAES BRUM
CRIADORA DO INSTAGRAM FEMIIISMO

Feminismo pra quem?

PARA TODAS AS MULHERES, INCLUSIVE, PARA AQUELAS QUE JULGAM NÃO PRECISAR DELE

Prefácio de **ANIELLE FRANCO**
DIRETORA DO INSTITUTO MARIELLE FRANCO

astral
cultural

Copyright ©2020, Daniela Moraes Brum
Todos os direitos reservados à Astral Cultural e protegidos pela Lei 9.610, de 19.2.1998. É proibida a reprodução total ou parcial sem a expressa anuência da editora. Este livro foi revisado segundo o Novo Acordo Ortográfico da Língua Portuguesa.

Produção editorial Aline Santos, Bárbara Gatti, Fernanda Costa, Jaqueline Lopes, Mariana Rodrigueiro, Natália Ortega, Renan Oliveira e Tâmizi Ribeiro
Capa Nine Editorial
Foto da autora Arquivo pessoal

Internacionais de Catalogação na Publicação (CIP)
Angélica Ilacqua CRB-8/7057

B918f
    Brum, Daniela Moraes
        Feminismo pra quem? / Daniela Moraes Brum. — Bauru, SP : Astral Cultural, 2020.
    160 p.

    ISBN 978-65-5566-035-7

    1. Feminismo 2. Mulheres - Poder 3. Machismo 4. Patriarcado I. Título

20-3346
                                                        CDD 305.42

Índices para catálogo sistemático:
1. Feminismo 305.42

 ASTRAL CULTURAL EDITORA LTDA

BAURU
Av. Nossa Senhora de Fátima, 10-24
CEP 17017-337
Telefone: (14) 3235-3878
Fax: (14) 3235-3879

SÃO PAULO
Rua Helena 140, sala 13
1º andar, Vila Olímpia
CEP 04552-050
Telefone: (11) 3048-2900

E-mail: contato@astralcultural.com.br

"Basta uma crise política, econômica ou religiosa para que os direitos das mulheres sejam questionados."

Simone de Beauvoir

Prefácio

Feminismos. Dentro destes breves parágrafos, quero compartilhar como essa teoria e ação impactou de forma profunda a construção que escolhi exercer na produção de outras perspectivas de futuro e de sociedade, na qual nós, mulheres, temos papel primordial como interlocutoras da mudança em um mundo mais justo e igualitário. Minha irmã, Marielle Franco, se traduzia no que considero ser a essência de um feminismo negro, feminismo esse que evidencia como as opressões de raça, classe e gênero estão conectadas, e mostra que só haverá libertação para nós quando as amarras racistas, patriarcais e de classe forem destruídas.

Escrever sobre Marielle é escrever sobre quem trazia em si um signo de atuação do lado de nós, mulheres, teorizando e elaborando outras práticas baseadas na ancestralidade e construção coletiva, produzindo teoria e prática sobre "quem's" nosso feminismo deve servir. Fruto de uma educação popular baseada em princípios comunitários e senso crítico, Mari moveu e move até hoje nosso imaginário de transformação e luta.

Nesta breve conversa, quero partir do entendimento de que os processos que moldam nossa sociedade são baseados em lógicas extraídas de nosso passado colonial recente. Sociedade em que as mulheres negras têm suas histórias expropriadas, roubadas e cooptadas por uma branquitude que a coloca a seu serviço, o fato de existir mulheres negras que ousam ser protagonistas, autoras e porta-vozes de suas próprias vidas é um ato político. O feminismo negro acompanha a história de emancipação de mulheres no mundo. Enquanto uma ferramenta importante para proporcionar mais oportunidades e igualdades para as mulheres negras, ele projeta uma conscientização sobre o combate a lógicas patriarcais e raciais presentes no cerne da construção de nossa sociedade. Para Angela Davis, intelectual negra norte-americana e uma das propulsoras deste conceito, o feminismo negro emergiu como um esforço teórico e prático de demonstrar que raça, gênero e classe são inseparáveis nos contextos sociais em que vivemos. Na época do seu surgimento, pedia-se às mulheres negras que escolhessem o que era mais importante: o movimento negro ou o movimento de mulheres. A resposta era que a questão estava errada. O adequado seria como compreender as intersecções e as interconexões entre os dois movimentos.

Mais do que uma luta identitária, isso que chamamos de "feminismos" deve estar conectado com o cotidiano real, o reflexo de nossa cor, nosso território, nossas estruturas. Aqui no Brasil, temos mulheres que produziram teoria e prática sobre a construção deste feminismo. Sueli Carneiro, Jurema Werneck, Lélia Gonzalez, Conceição Evaristo, Carolina Maria de Jesus, Beatriz do Nascimento e Marielle Franco são alguns nomes que carregam a escrevivência do significado do feminismo, mas também o "fazer" e o "agir", a construção de pontes para que cada vez mais mulheres possam alcançar sua emancipação de corpo e mente dessa sociedade que foi construída para nos violar.

Seja por conexões teóricas ou de lutas, seja pelo afeto matriarcal ou pela conexão de jornadas, nós, mulheres, somos mais fortes quando costuramos juntas o tecido social que molda nossa vida e trajetória. O feminismo é nossa ferramenta para incidir no mundo e construir outro futuro para nós e nossas meninas que ainda estarão por aqui. Carregamos nas costas e em nossos ventres as perspectivas de um futuro pautado na vida, na luta, e na perspectiva coletiva de superação. Sigamos!

Anielle Franco
Diretora do instituto Marielle Franco

Introdução

Para compreender o feminismo, é importante entender e conhecer o movimento feminista além de experiências individuais e narrativas criadas pelo senso comum. Apesar de parecer que hoje o feminismo está em todos os lugares, é importante fazermos uma autocrítica do que tem sido promovido sobre o assunto e de como o sistema tem se aproveitado dessa pauta para lucrar em vez de trazer mudanças efetivas na vida das mulheres.

A autocrítica do movimento feminista tem um papel fundamental, principalmente em um momento em que o "feminismo de telão" tem aparecido. E, enquanto isso acontece, mulheres "comuns" não se sentem representadas nem acolhidas por aquilo que aparece nas mídias.

Espero que este livro possa lhe trazer não apenas entendimento sobre o assunto, mas também maneiras efetivas de o transformar em uma prática diária, visando melhorias coletivas em nossa sociedade.

Afinal, o que é feminismo?

1

Antes de falarmos sobre feminismo, é preciso compreender primeiro o que ele representa, seu objetivo e suas práticas. Neste primeiro capítulo, portanto, vamos fazer uma introdução sobre o assunto, explicando esta questão e nos aprofundando em alguns de seus tópicos mais à frente.

O feminismo, por definição, é um movimento social, político e filosófico que tem como objetivo libertar e emancipar todas as mulheres. E ainda que ao ler a palavra "liberdade" algumas mulheres possam pensar: "Ora, mas eu sou livre", é importante questionar de forma coletiva — ou seja, ampliando nossos pensamentos para àquelas que não têm as mesmas vivências que temos — a falsa ideia de liberdade que possuímos.

Aliás, este é um exercício que faremos ao longo do livro e que também se configura como base do movimento feminista. Quando nós, feministas, dizemos que você deve olhar para além das pessoas que conhece, é porque, provavelmente, elas possuem uma realidade próxima da sua. Às vezes, a vida confortável não nos permite enxergar os problemas sociais que precisem ser pensados ou questionados. Mas quando falamos sobre feminismo, estamos falando de um movimento coletivo, algo que vai muito além das nossas experiências individuais e das pessoas ao nosso redor. Se o feminismo, portanto, deve ser para todas, nós devemos lutar por todas. Inclusive por aquelas que não tiveram a oportunidade de estudar sobre o assunto e, talvez, nem saibam da existência do movimento.

Se você, hoje, se entende como feminista, eu a questiono: por quem você tem lutado? Com quem tem dialogado?

Até onde você tem ido para falar com mulheres? Quem são as mulheres que seu feminismo realmente alcança?

Quando criei o perfil no Instagram, em 2014, não tinha grandes objetivos, queria apenas trocar informações com outras mulheres. Em 2016, no entanto, engravidei e entendi que aquela página poderia desempenhar um papel muito importante na vida de outras pessoas. O *Feminiismo*, porém, nunca foi meu único meio de contato com o assunto, sendo apenas um reflexo dos ideais já praticados na minha vida pessoal, desde quando conheci o feminismo em um coletivo na universidade. A internet era apenas uma extensão das minhas pesquisas e vivências, e um lugar importante para conversar, ensinar e aprender com outras mulheres. Inclusive, diferente da minha história, não são todas as pessoas que conseguem cursar o nível superior em nosso país. Assim como não são todos os jovens que podem contar com coletivos feministas em seus bairros ou cidades. Então, para muitos, o primeiro contato com o movimento acontece por meio da internet. O que me fez, quando percebi que minha página começou a crescer e poderia ser essa porta de entrada para muitas pessoas, passar a encará-la como um trabalho — sem nunca, é claro, perder de vista as minhas próprias limitações e as que a internet possui, já que nem todos têm acesso a ela.

Isso fez com que eu questionasse o que nós, feministas que temos acesso à internet e à educação, podemos fazer pelas pessoas que não fazem parte disso. Como ampliar a discussão para atingir essas mulheres, como alcançá-las e falar sobre o movimento? Primeiro, com o passar dos anos, entendi que precisamos parar de achar que sabemos mais do que outra mulher que não se entenda como feminista. E, segundo, aceitar também que nem todas querem saber do que se trata esse movimento, pois tiveram uma imagem erroneamente construída por causa da mídia.

Assim, toda vez que sou convidada a falar sobre o assunto, independentemente de onde seja, não me apresento como feminista. Não por vergonha ou medo, mas por saber que muitas pessoas veem o feminismo com maus olhos. Logo, falo sobre direitos, acesso, futuro e mulheres. Tudo isso sem usar a palavra "feminismo". Apenas no final da conversa, me apresento novamente e falo que sou feminista, que tenho uma página sobre o assunto e que sou militante.

O meu objetivo é simplificar o assunto para que as pessoas entendam que essa palavra tem muito mais a ver com suas vivências e dores do que o que elas veem em alguns lugares que tentam deslegitimar as feministas. E é interessante como depois de quebrada essa primeira barreira, ao perceberem que o movimento feminista não só pode como deve ser um aliado das mulheres, muitas delas costumam me perguntar do que elas precisam, então, para serem feministas.

Veja bem, essa é uma pergunta um tanto quanto pessoal de se responder. Mas, de uma maneira simples, costumo dizer que, em primeiro lugar, você precisa de conhecimento sobre o assunto.

É muito importante que independentemente de como tenha sido seu primeiro contato com o tema, você passe a estudar sobre o feminismo e entenda, de fato, o que ele representa.

Até porque, ainda que você tenha práticas que se alinhem com estes ideais, é possível que nem ao menos saiba o que elas representam e como esse movimento precisa estar organizado para se converter em ações. Seja em coletivos, em partidos, dentro da universidade, em organizações municipais e até mesmo na escola, dependendo da sua idade. Só assim você entenderá como funciona a estrutura política, econômica e social do lugar em que está, e poderá, junto com outras feministas, buscar melhorias para as mulheres.

Em segundo lugar, mas não menos importante, é fazer do feminismo um exercício diário.

Seja com as pessoas próximas — como sua família, seus amigos e colegas de trabalho —, mas também com aquelas fora da sua bolha. Não adianta ser uma pessoa com um discurso extremamente empático e falar sobre melhorias para as mulheres quando está com suas amigas, mas não cumprimentar nem ao menos o porteiro do seu prédio.

Discursos precisam estar alinhados com a prática. Não podem existir apenas como palavras, mas também nas ações. Efetivas e coletivas.

MUITO MAIS DO QUE IGUALDADE

Apesar de muitas vezes o propósito do feminismo ser entendido exclusivamente como a busca pela igualdade entre homens e mulheres, historicamente, o movimento vai além. Para entendermos o motivo, devemos começar pensando o que significa para nós, mulheres, sermos iguais aos homens nos dias atuais.

Vivemos em uma sociedade na qual, desde muito cedo, é comum que homens sejam criados de maneira protetora dentro de suas casas. Majoritariamente, eles não carregam nas costas o peso de responsabilidades cotidianas, que vão desde cuidar do seu próprio espaço até como arrumar sua cama e limpar seu quarto, nem mesmo de responsabilidades afetivas, que envolvam proteger, respeitar e cuidar de outros seres humanos. Enquanto nós, mulheres, somos ensinadas não apenas a cuidarmos de nós mesmas, como também dos outros ao nosso redor, homens costumam ser protegidos e tratados como 'filhos' por todas as mulheres que passam por suas vidas. Não apenas por suas mães, mas também por suas companheiras, que se veem obrigadas a perpetuar preocupações e responsabilidades por eles.

Além disso, homens tendem a ser estimulados sexualmente de maneira muito mais precoce do que mulheres. Nesse ínterim, além de não serem respeitados enquanto crianças, pulando etapas do seu desenvolvimento, é comum que eles sejam apresentados por seus pais ou avós à pornografia, sendo instigados desde novos a terem uma vida sexual ativa. Uma repetição de ideias patriarcais, que sempre coloca o homem em uma posição máscula de provedor e "garanhão".

Como não bastasse essa estrutura com que a sociedade molda o desenvolvimento dos homens, um levantamento realizado pelo Centro de Referência em Saúde do Homem de São Paulo[1] apurou que, em nosso país, as mulheres vivem 7,2 anos a mais do que os homens. E entre algumas das causas de morte apontadas para essa diferença estão violência, acidentes de trânsito, doenças cardiovasculares e infartos.

No geral, desde pequenos, os garotos têm quem olhe por eles, estejam atento às suas necessidades e se responsabilizem pelo cuidado com sua saúde. Conforme crescem, muitas vezes, estão acostumados com a ideia de serem cuidados, mas ainda precisam lidar com a imagem de forte e másculo que nossa sociedade patriarcal imprime ao gênero masculino, como se o ato de se cuidar, de ir ao médico e de procurar ajuda quando ne-

---

1 Saúde do homem: prevenção é fundamental para uma vida saudável. Disponível em: http://www.blog.saude.gov.br/promocao-da-saude/50308-saude--do-homem-prevencao-e-fundamental-para-uma-vida-saudavel | Acesso em 27/07/2020

cessário fosse sinônimo de fraqueza. A expressão "masculinidade frágil", que ganhou especial repercussão nos últimos tempos, diz respeito a essa construção social em que vivemos, em que o mínimo sinal de vulnerabilidade do homem coloca em xeque sua masculinidade. Além de bastante preconceituosa, a designação do termo mostra o quanto é problemático incentivar cada vez mais homens a não pedirem ajuda quando precisam, reprimindo suas emoções.

Quando falamos que o feminismo é um movimento que busca igualdade, é preciso lembrar de toda estrutura em que estamos inseridas.

E só diante disso perceber que muito mais do que buscar paridade com um tipo de criação e sistema com que nós também não concordamos, a luta que o feminismo realmente empreende é para que esses mecanismos sejam mudados. Além disso, quando olhamos para esse cenário, não podemos nos esquecer dos problemas que existem por trás da criação de meninas. Em uma sociedade em que uma falsa representação de feminismo ganha cada vez mais força, o discurso do "meu corpo, minhas regras" é propagado sem questionamentos. Ainda que seja importante e a liberdade de nossos corpos precise ser um objetivo em comum, é imprescindível que seja ensinado para nossas garotas de uma maneira muito mais profunda do que vem sendo feita.

Por isso, é essencial compreender que a sociedade continua sendo machista e que há perigo lá fora. Enquanto nós, mulheres, postamos uma foto somente por gostarmos dela, em linhas gerais, ainda somos vistas como objeto de exploração e sexualização. E é claro que não devemos culpar essas garotas nem a importância dessa mensagem em detrimento da estrutura patriarcal em que vivemos — assim como nunca devemos culpar qualquer vítima pela situação a qual foi submetida. Mas não podemos nos esquecer da nossa realidade nem de como as coisas funcionam em uma sociedade em que os homens, especialmente brancos, sempre estiveram no poder. Alertar nossas garotas e mulheres sobre esses perigos — e quaisquer outros tipos de violência existentes — é muito importante, pois só assim seus discursos e suas práticas estarão prontos para encarar o mundo tal qual ele é. Com ideais muito bem direcionados do que queremos combater e de onde queremos chegar, mas sem nos esquecer da realidade dura e muitas vezes cruel na qual vivemos.

COMO DERRUBAR O PATRIARCADO

De uma forma bastante concisa, o patriarcado é o sistema no qual o homem está na base estrutural. A vida em sociedade, as pesquisas e os avanços que fazemos são moldados a partir e pela perspectiva masculina.

Para dar um exemplo, costumo falar sobre uma informação que me chocou bastante. Os sintomas de infarto que estamos acostumadas a ouvir são, na verdade, os que usualmente ocorrem em homens; mulheres podem apresentar outros sintomas, que não estamos acostumadas a ouvir.

Apesar de manifestações de ataque cardíaco não serem as mesmas para cada gênero, os primeiros estudos foram feitos com base no sexo masculino e, até hoje, os sintomas popularmente conhecidos e divulgados são estes. Assim funciona uma sociedade patriarcal, na qual tudo gira em torno da figura masculina.

Nossa linguagem, nossa família e a grande maioria das nossas representações, sejam na política, na saúde e até na educação, têm o homem como sua figura central.

É importante, no entanto, fazermos um parêntese para lembrarmos que essas figuras de poder em nossa sociedade não incluem todos os homens. Na realidade, incluem os homens brancos, que historicamente sempre estiveram na posição de opressores e receberam grandes privilégios. Falar sobre feminismo também é compreender essas questões, pois como veremos à frente, é incoerente abordarmos de movimentos coletivos sem incluirmos raça e classe nas análises.

Assim, ainda que cada vez mais estejamos debatendo as estruturas do patriarcado, é preciso estarmos atentas também para quem nosso discurso está sendo direcionado.

Afinal, mesmo que todos os tipos de homens possam ouvir os gritos de "macho escroto", quem costuma ser perdoado em nossa sociedade depois disso e quem é menosprezado e morto pelo sistema?

Obviamente, também existem homens negros que abusam e assediam mulheres de todos os tipos e raças. Mas mulheres brancas, por sua vez, também podem oprimir homens negros de diferentes formas. Não podemos nos esquecer que a estrutura da nossa sociedade não apenas perpetua uma série de comportamentos machistas, mas também abrange uma quantidade enorme de problemas sociais, raciais e políticos. Especialmente quando estamos falando de nosso país, que é extremamente plural e miscigenado.

Depois de compreender o que é o patriarcado e como funcionam essas engrenagens do nosso corpo social, é natural que a próxima pergunta acabe sendo: "Então, como fazemos para derrubá-lo?". Uma questão que não tem uma solução milimetricamente estabelecida como resposta, mas que pode apresentar algumas ações práticas em curto e longo prazo.

Eu diria que a primeira delas é, sem dúvida, a educação. Não há outra forma de pensarmos em mudar uma sociedade sem mudarmos a criação das próximas gerações.

Como mãe, procuro me lembrar que não posso esperar ações diferentes do meu filho se eu perpetuar comportamentos ou falas que hoje sei estarem errados, mas que também me foram ensinados. Precisamos de uma educação antimachista e antirracista, que leve a questionamentos e entendimentos diferentes para nossas crianças.

Da mesma maneira, precisamos ampliar esse discurso para a nossa própria geração e para aquelas que vieram antes de nós, buscando uma tentativa de reeducar comportamentos, falas e ações enraizadas em uma criação que continua a reproduzir diferentes tipos de violência. Especialmente quando falamos de pessoas que fazem parte de serviços essenciais, como médicos e policiais.

Ainda que todos precisem se educar sobre o assunto, as pessoas ligadas a serviços básicos, em especial, ocupam um papel ainda mais fundamental nessa engrenagem. Só assim teremos a certeza de que as pessoas que devem nos proteger não nos causarão nenhum constrangimento. E de que conseguiremos nos sentir seguras ao usufruir de serviços a que temos direito, sem sermos discriminadas por nossa raça, gênero, orientação sexual ou posição social.

Já a segunda medida, políticas públicas voltadas para mulheres, possibilitando a ocupação dos espaços que todas desejarem, com representatividade e apoio garantido. Daí a importância de termos um movimento organizado, assunto do qual falaremos bastante por aqui.

E a terceira, por fim, é uma mudança profunda e real na estrutura de nossa comunidade para que se acabe com a desigualdade imposta pelo capitalismo. Afinal, não temos como falar de feminismo ou do fim de patriarcado sem abordar o fim do capitalismo.

É desumana a forma como vivemos, com a extrema minoria detendo o poder, enquanto milhares de pessoas sofrem diariamente.

Baseado em três grandes pilares (o machismo, o racismo e o classismo), o capitalismo só funciona da forma como o conhecemos por perpetuar a desigualdade.

Milhares de pessoas trabalham com um salário muito abaixo do que deveriam e em condições precárias para não morrerem de fome. Mulheres são obrigadas a se prostituir, caso contrário, correm o risco de não sobreviver.

Muitas vezes, nos submetemos a situações empregatícias que sabemos estar erradas, mas nos faltam outras opções viáveis. Só conseguiremos, portanto, abolir o patriarcado de vez quando reestruturarmos esse sistema. Quando conseguirmos que essas desigualdades sejam superadas por completo. Uma mudança que parece distante e até mesmo utópica, mas extremamente necessária, que faz com que as metas mais imediatas de educação, organização e políticas públicas se tornem ainda mais importantes para resolvermos nossos problemas.

FEMINISMO NÃO É SOBRE AMAR TODAS AS MULHERES NEM SOBRE ODIAR OS HOMENS

Em tempos de feminismo raso e pouco verossímil que se propaga pela internet e ganha destaque nas mídias, uma das grandes interpretações errôneas feitas a respeito do movimento é a ideia de que a palavra "sororidade" tem a ver com amar todas as mulheres. Sororidade não diz respeito a isso. O feminismo, aliás, não é sobre amor.

Uma *thread* (sequência de posts) que fiz no Twitter sobre esse assunto ganhou bastante repercussão, acredito que exatamente por essa imagem tão errada que tem se propagado a respeito do termo. Sororidade, na verdade, é uma palavra que usamos para falar sobre a união entre mulheres na medida em que nos solidarizamos pelas dores as quais todas nós passamos. Isso quer dizer que sororidade tem muito mais a ver com entender que uma pessoa também enfrenta situações de assédio, desigualdade e opressão de gênero, assim como você. O que não significa ser necessário amá-la, especialmente se ela usa de seus privilégios para oprimir outras pessoas.

É claro que, como mulheres, precisamos acabar com a ideia de competitividade que nos é imposta desde a tenra idade. Mas isso, no entanto, não é sinônimo de amar incondicionalmente apenas por termos o mesmo gênero.

Ser feminista não te obriga a passar a mão na cabeça de mulheres que continuam a reproduzir violências diariamente, perpetuam opressões, colaboram para que as desigualdades aumentem, usam de seus privilégios para discriminar, oprimir ou ferir alguém. Essas mulheres não precisam da sua empatia.

Dito tudo isso, enquanto feminista, acredito que, independentemente das ações que me façam pensar dessa forma a respeito de outra mulher, o que não pode ser apontado em sua conduta é dizer que ela fez isso por causa de seu gênero. Repetir estereótipos impostos há anos ou promover um discurso machista a respeito de sua conduta são práticas que entram em total desacordo com tudo o que o feminismo combate. É uma distinção, de fato, muito simples de se fazer, mas que ganhou muita distorção na internet e que tem sido usada para atacar o movimento. E ela não é a única, infelizmente.

Outro termo que vem ganhando cada vez mais força e provocando ataques ao feminismo é o chamado "femismo": uma expressão adotada pelas redes sociais para se referir a um movimento em que mulheres oprimem homens pelo seu gênero. Especialmente no Twitter, cada vez mais debates parecem surgir sobre o assunto, associando comentários raivosos direcionados a homens como parte desse movimento.

O curioso de toda esta história, no entanto, é que ao contrário do que muita gente pensa, a palavra "femismo" não existe na língua portuguesa e não possui nenhuma base teórica que a respalde ou a ligue de alguma forma ao movimento feminista. Além disso, é bastante evidente como, por mais que exista este tipo de pessoa e comentários em redes sociais, eles parecem estar concentrados única e exclusivamente na internet, como se fora desse ambiente não tivessem nem coragem e nem espaço para se mostrar.

Muito diferente, é claro, do machismo, que não só ganha contornos reais na vida de mulheres, como faz parte da estrutura de nossa sociedade. E que, por sua vez, promove e suporta muitas outras violências em nosso sistema, como a desigualdade salarial, a cultura do estupro e as opressões que nós, mulheres, sofremos todos os dias.

O "femismo" é uma teoria de internet que não se sustenta na prática, pois não possui raízes sociais, políticas, históricas ou filosóficas que permitam com que mulheres oprimam homens pelo seu gênero. Assim como o racismo reverso e a heterofobia, ele não consegue se concretizar no nosso dia a dia, pois caminha no extremo oposto da organização patriarcal em que vivemos e que coloca o homem no lugar do opressor e a mulher no lugar do oprimido.

Sempre que alguém me procura para conversar sobre "femismo" ou sobre essa falsa ideia de sororidade, procuro dialogar mostrando fatos e alertando sobre o perigo que há em não irmos além da superfície.

Ainda que as redes sociais funcionem como uma ótima porta de entrada para quem nunca teve contato com o movimento, prender-se apenas a isso pode ser perigoso. Primeiro porque as redes sociais não costumam se aprofundar no assunto, o que é de extrema importância para entendermos como o feminismo funciona. E, segundo, porque vivemos em uma época em que as *fake news* se espalham com facilidade e distorcem a realidade.

Estudar sobre teorias feministas, ler autoras consagradas e fazer análises de raça, classe e gênero são essenciais para levar a discussão além do que está aparente.

Nem tudo o que parece ser de fato é e, em se tratando de feminismo na internet, é preciso ir ainda mais fundo.

ASSÉDIO, O REFLEXO DE UMA CULTURA MACHISTA

Quando falamos sobre machismo e como o assédio costuma ser uma prática constante dessa estrutura, muitas pessoas ficam confusas com o termo. Especialmente porque, apesar de ser uma palavra bastante usada nos dias atuais, nem sempre é fácil entender o que ela significa.

Ainda que, de maneira geral, o assédio se caracterize por um determinado tipo de comportamento que cause feridas, ofenda ou incomode outra pessoa, ele pode se apresentar de diferentes maneiras e em diferentes graus de intensidade. Surgindo daí a dificuldade de identificá-lo.

O assédio sexual é um dos mais conhecidos, mas há ainda o verbal, o moral e muitos outros, que surgem por meio de diferentes maneiras de incomodar e coagir outras pessoas, ora fisicamente, ora psicologicamente.

Em muitas destas situações, o assédio tende a estar intrínseco a uma relação de poder ou vantagem de uma pessoa sobre outra — o que pode se dar pela sua posição no trabalho ou classe social, por exemplo. No entanto, nem sempre isso acontece. Há casos em que essa hierarquia não é o que sustenta esse tipo de comportamento, havendo outros motivos e contextos

Nos casos em que existe uma relação de poder entre o assediador e a vítima, é comum que esses atos aconteçam por pessoas que sabem que seu comportamento não será punido. Isso pode ocorrer porque a vítima não tem consciência do que está acontecendo (como em diversos casos de pedofilia), não tem coragem de denunciar o assediador ou até mesmo por medo de ser desacreditada pelas pessoas ao seu redor. Se pararmos para pensar, quantas vezes não vimos mulheres vindo à tona para se pronunciar contra seus agressores ou assediadores, e só depois disso outras tantas vítimas também criaram coragem para compartilhar suas histórias de assédio? O movimento *#MeToo*[2]

---

[2] Pelo Twitter, a atriz Alyssa Milano pediu que mulheres que tivessem sofrido assédio sexual compartilhassem suas histórias usando a hashtag *#MeToo*. O movimento tomou proporções gigantescas, com mais de meio milhão de respostas em 24 horas, e além de grandes figurões de Hollywood terem sido denunciados, um fundo foi criado para ajudar legal e financeiramente mulheres que passaram por essa experiência

é um exemplo disso. Os casos são muitos e só mostram como é comum as vítimas terem medo, vergonha e certeza da impunidade, fazendo com que desistam de se pronunciar sozinhas.

Já nos casos em que essa relação de poder não existe, essas situações podem acontecer até mesmo com estranhos, como é o caso de mulheres que são assediadas no ônibus a caminho do trabalho, ou que recebem assobios e comentários impróprios quando estão andando na rua. Um tipo de assédio que acontece em sua grande maioria de homens para mulheres, mostrando um reflexo da cultura machista na qual vivemos e que normaliza esse tipo de comportamento.

Em todas essas situações, e em muitas outras em que o assédio está presente de maneira mais ou menos explícita, conseguir identificá-lo nem sempre é fácil. Especialmente quando o comportamento do assediador é casual, e ele age como se o momento fosse uma brincadeira, uma piada. O que muitas vezes confunde a vítima, fazendo-a se questionar se o que acabou de vivenciar foi de fato um assédio ou apenas um mal-entendido.

Nesses casos, é de suma importância não ignorar a sensação de desconforto que a outra pessoa provocou e investigá-la com mais profundidade.

Não importa o grau de intimidade que se tenha, o incômodo sempre mostra que algo está fora do lugar.

E ainda que em muitos casos seja difícil provar que alguém tenha tido esse tipo de atitude, é importante a vítima não se culpar por essa experiência e buscar a ajuda necessária para parar ou punir o assediador. Como uma das principais práticas machistas normalizadas em nossa sociedade, é necessário que saibamos identificar e combater o assédio. Banalizar qualquer ato desse tipo, por mais inofensivo que pareça, dá suporte para que outras ações como essa se perpetuem e acabem com a vida de milhares de mulheres.

O PAPEL DO HOMEM NO FEMINISMO

Uma pergunta que é bastante comum a respeito do movimento — inclusive, muitas seguidoras já me fizeram — é se homens também podem ser feministas e lutar por mudanças em nossa sociedade para acabar com o patriarcado.

Acontece, no entanto, que há dois tipos de questionamentos diferentes nessa mesma pergunta, e para cada um deles as respostas também são diferentes.

Em primeiro lugar, e que precisamos ter bem claro em nossa mente, o feminismo é um movimento feito por mulheres. Por definição, somos nós quem damos corpo, voz e ação ao movimento, tornando contraditória a ideia de um homem feminista. Isso, no entanto, não exclui a possibilidade de homens serem simpatizantes ao movimento nem de serem importantes para a concretização de nossos objetivos. Afinal, uma reeducação completa da sociedade, permitindo que as estruturas possam ser mudadas, não pode ser feita apenas por mulheres.

Nesse ínterim, homens têm um papel importante de denúncia e diálogo em locais onde nós não estamos presentes. Em seu círculo de amigos e em ambientes hostis para mulheres, eles devem interferir, sempre buscando educar os seus iguais. Precisamos, por exemplo, que homens, quando estiverem em uma roda de conversa masculina, se pronunciem sobre uma fala machista ou sobre um comportamento abusivo. Especialmente, nessas situações, pois a maioria deles tende a se calar. Se nós podemos constantemente ser aquelas que se manifestam sobre esse tipo de comportamento, sendo tachadas de "chatas" e "frescas" por isso, por que eles não podem fazer o mesmo? Por que também não podem assumir esse papel entre os seus amigos quando for importante fazê-lo?

De maneira didática e direta, é importante que haja um diálogo sobre o assunto. Nós, mulheres, não somos obrigadas a ter paciência com os homens o tempo todo pela estrutura patriarcal em que nos encontramos. É importante que homens tenham paciência uns com os outros para se ajudarem nesses diálogos, especialmente por não conhecerem esses assuntos vivenciando-os, mas também poderem combatê-los de alguma forma.

Homens que simpatizam com o movimento não podem passar a mão na cabeça de situações machistas. Isso não inclui apenas alertar os amigos sobre o assunto, mas também não perpetuar amizades com comportamentos machistas.

Enquanto não nos pronunciarmos quando vermos alguma injustiça, preconceito ou machismo, esses comportamentos tendem a se repetir e ganhar força.

Não basta apenas não concordarmos com esse tipo de atitude e não reproduzi-la, é preciso também educar quem está ao nosso alcance para não fazer o mesmo.

VERTENTES E MÉTODOS DE ANÁLISE

Apresentados, portanto, os primeiros conceitos sobre o feminismo, nas próximas páginas nos debruçaremos com mais profundidade sobre alguns de seus tópicos. A começar por entender que, na prática, o movimento é bastante plural e, mesmo havendo um objetivo em comum, ao longo dos anos, mulheres foram encontrando diferentes métodos de análises de suas questões e diferentes formas políticas de encarar suas origens e buscar soluções para os seus problemas. Assim, com o tempo, foi natural que essas divisões surgissem e se multiplicassem, acolhendo dentro desses grupos feministas que pensavam e lutavam da mesma forma.

Hoje em dia, existem inúmeros métodos de análises e vertentes do feminismo e, mesmo que nós não nos aprofundemos em cada um deles ao longo deste livro, é importante termos consciência de suas existências. Entre algumas das vertentes, por exemplo, temos o feminismo liberal, o radical, o marxista e o pós-moderno. Cada uma com bases políticas distintas e, consequentemente, diferentes maneiras de buscar soluções para os problemas que o feminismo combate.

Os métodos de análise, por sua vez, também são muitos, mas um, em especial, ganhará destaque nas próximas páginas e permeará basicamente tudo o que tratarmos por aqui. Isso porque, desde quando tive meu primeiro contato com o feminismo e durante todos os anos em que passei estudando e pesquisando sobre o assunto, ele se mostrou impossível de se dissociar das histórias, das análises e dos objetivos do movimento. Como veremos, não há lógica em falarmos sobre o machismo como parte da estrutura de nossa sociedade sem olharmos para todas as outras questões que também constroem essa pirâmide, ou seja, não há como falarmos de feminismo sem interseccionalidade.

A importância da interseccionalidade

A interseccionalidade é uma ferramenta de análise cunhada pela estudiosa Kimberlé Crenshaw. Segundo ela, os "sistemas discriminatórios" se entrecruzam ou se sobrepõem, criando interseções, ou seja, no feminismo ou em qualquer outro tipo de militância, é preciso sempre olhar de maneira ampla para o debate que está sendo proposto, observando também outras opressões que estão em jogo, pois elas influenciam diretamente na forma como nossa sociedade funciona e nas

questões hierárquicas a que estamos submetidas cotidianamente.

Assim, além do patriarcado, outras opressões, como o racismo e o classismo, fazem parte do nosso corpo social, fazendo com que haja muito mais camadas, hierarquias e distinções do que apenas a divisão de gêneros.

Compreender isso é essencial para que feministas entendam e saibam que suas vivências e experiências pessoais não valem para todas as mulheres. E devido ao fato de ainda vivermos em uma estrutura muito racista, o feminismo alcança muito mais as mulheres brancas do que as pretas, indígenas e pobres.

Vamos refletir um pouco sobre algumas questões. Quando se fala sobre feminismo, seja nas redes sociais, na televisão ou em qualquer outro meio de comunicação voltado para as massas, quem são as mulheres que costumeiramente estão abordando e levantando a bandeira sobre o tema? Quem elas representam? Com que tipo de mulheres elas estão dialogando?

É importante analisarmos essas questões para enxergamos como as mulheres brancas têm tido voz no feminismo desde sempre. Historicamente, inclusive, elas ganharam protagonismo no movimento não por serem as únicas a fazer parte dele ou a lutar pelo fim do patriarcado, mas porque foram socialmente mais bem aceitas.

Desde o momento em que questões ligadas à opressão de gênero começaram a ser amplamente discutidas, elas se tornaram as grandes representantes do movimento para as mídias. E, em vez de cederem espaço nesse protagonismo para outras mulheres, passaram a defender pautas que, em sua grande maioria, não dialogavam com mulheres pobres e pretas, e beneficiavam apenas a si mesmas.

Isso ocorreu ao longo de vários momentos da história do feminismo, mas talvez um dos mais emblemáticos tenha sido quando mulheres brancas de classe média lutaram para poder trabalhar fora de casa, pois desejavam ganhar salários iguais aos de seus maridos. Enquanto isso, outras mulheres pobres cuidavam da casa para elas por pequenos salários.

Nesse contexto, sem pensar em outros problemas da nossa sociedade, como o racismo e o classismo, mulheres brancas apenas continuaram a perpetuar opressões, tornando a pauta uma mera questão de ascensão econômica — e não de liberdade e direitos para todas.

São em exemplos como esse que vemos a importância da interseccionalidade na luta do movimento feminista.

Sempre que falamos sobre opressões, não podemos nos esquecer do histórico do povo preto em nosso país, e como a construção da nossa história os afeta até hoje.

Afinal, quando a escravidão, teoricamente, deixou de existir no Brasil, essas pessoas, que durante toda a sua vida foram violentadas das mais diversas formas possíveis, se viram perdidos, sem ter para onde ir. A liberdade que elas haviam alcançado, infelizmente, não veio acompanhada de um emprego, uma casa, dinheiro ou qualquer outro meio de subsistência. Como começar, então, uma vida do zero, já adulto e carregando inúmeros preconceitos e estigmas nas costas?

Da mesma forma, não podemos nos esquecer também das violências perpetradas aos povos indígenas, que ocupavam esta terra em que hoje moramos antes mesmo dos colonizadores chegarem, mas tiveram sua cultura totalmente usurpada e até hoje são esquecidos e tratados como coadjuvantes em nossa história.

Para se ter uma ideia, segundo a ONU, no mundo, uma em cada três mulheres indígenas já foi estuprada[3]. No entanto, diversos estudos que falam sobre a porcentagem de estupros no Brasil só citam mulheres brancas, amarelas e pretas em suas estatísticas.

Diante de tudo isso, como dizer, então, que as mulheres de nosso país são socialmente tratadas da mesma maneira? Além de ingênua, essa afirmação é injusta e errônea. Fora o racismo e o classismo, ainda precisamos lidar com inúmeros outros tipos de opressões em nosso meio, que vão desde a intolerância religiosa e política até a discriminação sexual. É claro que mulheres brancas e de classe média também sofrem com violência de gênero, mas quando o feminismo é pautado somente por elas e as especificidades de outras tantas mulheres são deixadas de lado ou até mesmo são ignoradas, o feminismo se torna excludente.

O classismo, inclusive, talvez seja um dos mais influentes marcadores sociais a que estamos submetidas, pois desde pequenas já determina uma série de questões em nossa vida, que vão desde uma alimentação saudável e de qualidade até o contato com uma boa educação e, consequentemente, mais

---

3 Uma em cada 3 indígenas é estuprada ao longo da vida, aponta relatório das Nações Unidas. Disponível em: https://www.cnm.org.br/comunicacao/noticias/uma-em-cada-3-indigenas-sao-estupradas-ao-longo-da-vida-aponta-relatorio-das-nacoes-unidas. Acesso em 09/08/2020.

chances de receber ofertas de emprego adequadas no futuro.

Uma série de acessos que não apenas definem o tipo de vida que levamos enquanto crianças, mas que tornam muito mais fácil ou difícil a nossa jornada e experiências enquanto adultos.

Na teoria, o feminismo é para todas, mas, na prática, em grande parte das vezes, é racista e classista.

E só a partir da denúncia dessas práticas e tornando a interseccionalidade uma ferramenta de análise constante em nossas lutas feministas que faremos mulheres marginalizadas pararem de ser excluídas.

DIREITOS X PRIVILÉGIOS

É inegável como a discussão sobre privilégios vem ganhando amplitude nas mídias. O reconhecimento de que certas pessoas possuem vantagens econômicas e sociais que as ajudam a ter mais conforto, segurança e tranquilidade do que outras finalmente tem ganhado projeção.

O problema, no entanto, é que a definição de privilégio tem sido distorcida em algumas ocasiões, de forma que em vez de aproximarmos pessoas que poderiam se conscientizar sobre o assunto, acabamos afastando-as por completo do debate.

Isso quer dizer que, antes de qualquer coisa, é importante sabermos de fato sobre o que estamos falando e entendermos a enorme diferença entre privilégios e direitos para não tornarmos essa discussão tão importante sobre algo da qual ela não é.

Segundo o artigo 6º da Constituição Federal: "São direitos sociais a educação, a saúde, a alimentação, o trabalho, a moradia, o transporte, o lazer, a segurança, a previdência social, a proteção à maternidade e à infância, a assistência aos desamparados...". Por lei, todo cidadão deve ter acesso a esses serviços, podendo usufruí-los ao longo de toda a vida. Eles são direitos que deveriam ser garantidos e não privilégios.

Logo, o fato de uma pessoa ter uma moradia não faz dela alguém privilegiado, já que todos deveríamos ter acesso a um teto sobre nossas cabeças. O que faz dela ser alguém privilegiado é morar, por exemplo, em uma grande casa, usufruindo de um estilo de vida muito mais cômodo, confortável e aconchegante do que o resto da população.

Da mesma forma, é um direito de todos o acesso à educação de qualidade, mas é um privilégio poder estudar na melhor escola do país, tendo condições de pagar altas mensalidades.

O privilégio é um benefício, um "passo à frente" dos demais oriundo da própria desigualdade que a nossa sociedade promove. Ou seja, ele acontece exatamente devido ao capitalismo, que, além dos direitos já adquirido, concede algumas vantagens a determinadas pessoas. E esse mesmo sistema sustenta as desigualdades de direitos que deveriam contemplar toda a população, independentemente de sua classe social, raça ou gênero.

É de extrema importância lembrarmos também que, além do próprio capitalismo, há outras estruturas nas quais nossa sociedade está baseada e elas interferem nos privilégios que determinadas pessoas podem ou não possuir — como o racismo, por exemplo, já discutidos aqui.

Além do próprio preconceito, ainda tão enraizado em nosso meio, questões sociais e econômicas advindas do "fim da escravidão" são sentidas até hoje. Não à toa as cotas para universidades públicas são necessárias, trazendo um pouco mais de paridade ao acesso ao ensino superior. Como não dizer, então, que pessoas brancas são privilegiadas nesse cenário? Como não levarmos em conta as desvantagens sofridas por pessoas pretas todos os dias e que são passadas de geração em geração?

Há uma grande dificuldade de pessoas brancas conseguirem fazer essa autocrítica e enxergarem os benefícios que elas receberam ao longo dos anos única e exclusivamente pela cor da sua pele. Muitas delas não conseguem enxergar que por mais que tenham batalhado muito para conquistarem o que queriam — e ninguém está desmerecendo sua luta —, se fossem pessoas pretas, provavelmente teriam de batalhar dobrado para alcançar essas mesmas coisas. E, ainda assim, talvez não tivessem chegado nem na metade do caminho, pois em nossa sociedade é assim.

É preciso que pessoas brancas, ou quaisquer outras cercadas de privilégios, parem de pessoalizar esses assuntos, achando que a crítica está sendo feita a elas e não ao sistema. Ninguém está dizendo que os caminhos das mulheres brancas foram livres de dor e de dificuldades, mas, sim, que é preciso compreender como a sociedade nos coloca em pontos de largada diferentes em uma mesma corrida. Só assim vamos conseguir olhar de maneira mais justa e empática para quem está ao nosso redor. E, consequentemente, lutar por pautas feministas mais abrangentes.

AS MUDANÇAS DEVEM SER COLETIVAS, NÃO INDIVIDUAIS

Sempre que converso sobre a importância do feminismo com outras mulheres, faço questão de enfatizar que o objetivo do movimento deve ser em torno de mudanças coletivas e não individuais. Algo que pode parecer óbvio à primeira vista, mas na prática, nem sempre é respeitado.

Como já discutimos aqui, a própria história do movimento feminista possui momentos em que seu objetivo foi esquecido. Quando mulheres brancas de classe média lutaram para poder trabalhar fora de casa, a grande maioria das mulheres pobres e pretas já exerciam ofícios externos, que eram quase sempre braçais e mal remunerados. Esses trabalhos não eram sinônimo de liberdade para elas, pois apenas perpetuavam um sistema violento e opressor.

Portanto, na época, as mudanças alcançadas nesse setor beneficiaram apenas uma pequena parcela de mulheres, que se igualaram socialmente aos homens de sua esfera e não trouxeram benefícios às mulheres que já eram trabalhadoras. Na realidade, elas contribuíram ainda mais para esse sistema violento, já que as próprias mulheres passaram a ser parte da estrutura opressora.

Até mesmo hoje, anos depois desses acontecimentos, notamos um abismo de diferenças entre as pautas feministas comumente discutidas por mulheres brancas e pretas. Vistas de maneiras distintas pelo sistema, elas se encontram em posições muito diferentes na luta por direitos.

O que é um reflexo dos inúmeros anos de escravidão em nosso país, mas também da própria forma como feministas, muitas vezes, não honraram o compromisso de fazer do movimento algo coletivo e interseccional.

Enquanto mulheres negras ainda buscam não serem animalizadas pela sociedade, combatendo um estereótipo de raivosas que sempre lhes persegue, mulheres brancas falam sobre a importância de não precisarem performar feminilidade.

Ambos tópicos são muito necessários de serem discutidos, mas mostram como, apesar de tudo, o sistema possibilitou que certas mulheres avançassem muito mais nas discussões sobre o assunto do que outras.

Quando falamos, portanto, em ser uma mulher feminista, nunca podemos nos esquecer da importância de fazermos análises sobre o movimento pensando em questões coletivas.

==Ainda que certos assuntos sejam muito== importantes para o feminismo, às vezes, é necessário darmos um passo para trás e ajudarmos outras mulheres que precisam de avanços mais estruturais.

E, só depois, darmos juntas dois passos à frente, visando nos aprofundar em outras questões.

Sendo assim, também não podemos nos esquecer da interseccionalidade, que se não levada em conta, desvirtua a ideia de avanços e melhorias comunitários, ou seja, é preciso, pensar para além do sistema patriarcal, pois ainda que mulheres não possam oprimir homens em relação ao seu gênero, elas podem oprimi-los de outras maneiras.

Daí a importância dos três pilares — gênero, raça e classe —, nunca se dissociarem de nossos debates. Caso contrário, nos arriscamos a transformar o feminismo em um movimento apenas para que mulheres ascendam socialmente. Além disso, são essas situações que deturpam o movimento e acabam individualizando as mudanças. Assim, pessoas de fora apropriam-se das pautas, tentando justificar ações erradas, como, por exemplo, uma mulher que profere comentários racistas a um homem na internet, mas que ao ser confrontada por outras mulheres diz haver falta de sororidade das feministas. Por que teríamos empatia com uma pessoa que oprime outras pela cor da sua pele? Por que deveríamos ter solidariedade com uma mulher que perpetua violência e que agride verbalmente os outros?

O fato de seus comentários se dirigirem a um homem não a exime de sua responsabilidade. Em uma sociedade racista como a que vivemos, para além de seus gêneros, ela é a opressora, e ele, o oprimido.

Sabemos que a história do feminismo não é perfeita. Em inúmeros momentos, precisamos relembrar umas às outras dos verdadeiros objetivos do movimento.

Algo que, especialmente hoje, com o acesso à informação que possuímos e com as pautas feministas ganhando cada vez mais adesão, os objetivos precisam ser disseminados.

Não podemos permitir que o movimento feminista se perca e cometa os mesmos erros do passado. Vamos juntas, então, firmar esse compromisso e garantir essas mudanças?

A IMPORTÂNCIA DE ENXERGAR PARA ALÉM DA SUA BOLHA

Ainda que existam diversas práticas diárias que sejam importantes para trabalharmos nosso feminismo, enxergar e pensar na vivência de mulheres fora do nosso círculo é talvez uma das mais fundamentais.

Esse exercício costuma ser um dos mais impactantes em nosso cotidiano, pois nos faz questionar o tipo de feminismo que estamos praticando e o quanto ele realmente acolhe mulheres que vivem realidades completamente diferentes da nossa.

Na prática do dia a dia, isso vai muito além de conversar com uma vizinha com a qual você nunca tenha trocado uma palavra ou com alguém do seu trabalho que esteja em um setor diferente que o seu.

Sair da sua bolha não é sobre conhecer novas pessoas.

Sair da sua bolha é sobre pensar, pesquisar e entender a realidade de mulheres que estão longe do seu círculo social, dos lugares que você frequenta, das pessoas com as quais conversa, dos serviços a que você tem acesso e até mesmo da sua localização geográfica.

Você já parou para pensar, por exemplo, em como até o lugar em que você mora pode proporcionar diferentes tipos de experiências? A cultura e as práticas as quais estará exposta, o quanto terá de acesso à educação e ao lazer, a forma como será mais ou menos estigmatizada pelas pessoas ao seu redor... São inúmeros os fatores a serem levados em consideração.

É importante olharmos para além da nossa bolha em todas as esferas e lembremos que, especialmente por estarmos em um país tão populoso, plural e diverso, as experiências das mulheres tendem a ser extremamente diferentes.

Podemos obviamente ter pontos de convergência em nossas histórias e experiências, mas precisamos estar cientes das diferenças de raça, credo, classe social, orientação sexual, acesso, espaços geográficos e inúmeras outras especificidades que podemos encontrar pelo Brasil.

Quando nós damos esse passo para enxergar além daquilo que nos cerca, passamos a questionar, inclusive, muitas falas que são largamente reproduzidas em nossa sociedade, como a falácia do "engravida quem quer".

Como acreditar nisso em um país em que mulheres são sexualizadas desde muito novas, a desinformação sobre métodos contraceptivos ainda é imensa e a educação sexual é vista com maus olhos? Em um país onde muitas mulheres recebem pílulas anticoncepcionais, mas não sabem como tomá-las corretamente? O fato de você ter acesso a métodos seguros e a informação de como usá-los não é a mesma realidade de outras milhares de adolescentes e mulheres do nosso país. Como, então, podemos acreditar que a gravidez é sempre uma escolha, ainda que essa escolha dependa de inúmeros outros fatores tão variáveis para a realidade de cada uma de nós?

Por essas e outras situações, é urgente entendermos que as nossas experiências de vida não definem as mesmas do coletivo.

Particularmente, não vivenciar o feminismo apenas na internet foi uma das práticas que mais me fez enxergar além da minha bolha, pois assim passei a ter contato direto com mulheres distintas, que possuíam vivências diferentes da minha e me fizeram abrir os olhos para a necessidade de ampliar minhas discussões, pensando sobre um mesmo assunto a partir de diferentes pontos de vista. Hoje, procuro refletir a respeito dessas mulheres e de suas histórias. Ser branca, ser mãe e ter um companheiro e uma família que me dão suporte, já são fatores suficientes para me fazer pensar em outras realidades.

A vivência, por exemplo, de mães solo, de mães que perderam seus filhos, de mulheres que sofreram algum tipo de violência quando foram parir, de mulheres que foram obrigadas a gestar e dar à luz, de transexuais que têm uma expectativa de vida de apenas trinta e cinco anos, de mulheres com deficiência que sofrem um apagamento absurdo, de mulheres negras que têm medo de engravidar e verem seus filhos serem violentados pelo sistema mais tarde.

Claramente, nunca conseguirei me colocar no lugar dessas mulheres ou, de alguma forma, experienciar o que elas passaram. Mas posso me solidarizar com suas experiências e entender como é fundamental incluí-las nos debates e pautas que apoio.

Além disso, por ter consciência de viver em um país com estrutura racista, sempre analiso as questões de raça em todas as possíveis realidades que procuro compreender. O que é bastante necessário, já que mulheres pretas, por exemplo, vivem uma realidade bem mais solitária do que a minha e, muitas vezes, de preterimento afetivo em suas relações. Obviamente, isso tem um peso muito grande na forma como elas se sentem acolhidas pela sociedade, e em como aprendem desde muito cedo a cuidarem de si mesmas.

Assim, em um país como o nosso, de tantas pluralidades e estruturas opressoras, precisamos nos atentar a essas especificidades. Infelizmente, nem sempre conseguiremos contemplar todas as mulheres, mas precisamos nos esforçar para acolher o maior número delas. Este, sim, é o feminismo em sua essência. Este, sim, é o feminismo que devemos perseguir.

PAUTANDO O FEMINISMO POR MULHERES DA BASE

Quase todos os pontos que vimos ao longo deste capítulo (a importância da interseccionalidade, a necessidade de mudanças coletivas e o exercício de enxergar além do que está ao seu redor) acabam resultando em uma mesma urgência: a de que precisamos pautar o feminismo por mulheres da base. O que isso quer dizer na prática?

Significa que precisamos alcançar as mulheres que são o alicerce da sociedade: em sua grande maioria, mulheres trabalhadoras, marginalizadas socialmente e não vistas pelo Estado.

Ainda que existam inúmeras pautas feministas para serem discutidas, precisamos priorizar aquelas que estão ligadas a questões estruturais do nosso corpo social, já que há uma grande quantidade de mulheres que ainda não têm acesso a direitos básicos, como educação e saúde.

Essas mulheres não vivenciam os mesmos alcances e liberdades que nós, e ainda estão lutando por direitos que nós já tomamos como certos em nossas vidas.

Quando, portanto, falamos sobre direitos reprodutivos, devemos pensar primeiro em garantir o acesso de todas as mulheres a um sistema de saúde de qualidade, com profissionais adeptos a práticas humanizadas, que possam atendê-las da melhor maneira possível.

Ao falarmos sobre educação, devemos lutar para que todas as crianças e adolescentes estejam matriculadas nas escolas, para que os estudos e a busca por uma carreira digna estejam ao alcance de todas nós. Lembrando também que para muitas mulheres isso significa, inclusive, ter liberdade para não dependerem de seus companheiros — não apenas financeiramente, mas também social e emocionalmente.

Sendo assim, ao falarmos sobre estruturas da nossa sociedade, precisamos pensar com ainda mais profundidade não apenas em pontos que toquem a nós ou em mulheres ao nosso redor, mas que dialoguem especialmente com aquelas que nem ao menos desfrutam dessas estruturas — e que costumeiramente são esquecidas nesses debates.

Apesar de sua importância, o feminismo que vemos florescer na internet e mídias de massa atualmente não dialoga com mulheres da base.

As questões tratadas estão muito à frente do que ainda de fato precisamos conquistar para todas, e parece haver um descolamento do que "engaja" e das questões primordiais com as quais deveríamos estar preocupadas.

Não que essas questões não sejam válidas ou não mereçam ser discutidas. Pelo contrário, elas também são essenciais para o movimento coletivo que somos, merecendo sua atenção. O grande problema é que só esses debates geram repercussão. Só eles parecem chamar atenção das pessoas a ponto de ganharem projeção nas redes sociais.

Na realidade, mulheres da base só parecem ganhar alguma lembrança quando vemos um caso extremo de violência sendo noticiado pelos jornais. E, na maioria das vezes, quando a mulher em questão já foi assediada, violentada ou morta.

É de extrema urgência olhar para essas mulheres antes de chegarmos a esses extremos. Outros tópicos não precisam ser inviabilizados nesse processo, mas temos de nos atentar para o que é primordial, fazendo com que esses debates também ganhem projeção e se tornem comuns de serem discutidos.

Não são apenas as questões que nos cercam que merecem virar *thread* no Twitter, serem manchetes em portais ou pautas no YouTube. É preciso olhar para quem não frequenta esses espaços, para quem não tem voz nesses meios, pois é exatamente quem mais precisa da nossa atenção.

Não nos esqueçamos das mulheres da base. Enquanto todas nós não conquistarmos o mínimo necessário (porém, essencial) para podermos avançar, não nos esqueçamos da importância de olharmos de verdade para as mulheres que nunca são vistas.

COMO AJUDAR MULHERES QUE ESTÃO EM SITUAÇÃO DE VIOLÊNCIA?

Uma das perguntas que mais recebo é sobre como ajudar mulheres que sofrem com algum tipo de violência. Este é um assunto um tanto quanto delicado, porque, em muitos casos, as próprias vítimas não conseguem enxergar as agressões que estão sofrendo.

Antes de falar sobre isso, acho importante que você entenda: nem sempre será possível ajudar todas as mulheres que deseja, pois nem todas aceitarão sua ajuda ou permitirão interferências em seu problema. No entanto, é muito importante que, ainda assim, você não se afaste delas, pois relacionamentos abusivos tendem a causar distanciamentos entre as vítimas e as pessoas que elas amam. E, quanto mais afastadas, mais difícil ajudá-las.

Independentemente disso, na realidade, ainda existem muitas mulheres em nossa sociedade que acreditam na ideia conservadora de ser preciso se manter em um relacionamento, mesmo que ele esteja fazendo mais mal do que bem.

Algumas pessoas acreditam que a mulher precisa ser o alicerce da casa e "servir" ao seu companheiro, aguentando abusos e agressões em nome da família.

Há inúmeras mulheres e adolescentes que passam por relacionamentos abusivos sem nem ao menos perceberem o que estão vivendo, por vezes ficando anos ao lado de seus companheiros até conseguirem enxergar a realidade.

Também não podemos nos esquecer das mulheres que permanecem nessa condição porque se encontram em situação de pobreza, sem meios financeiros suficientes ou adequados para se separarem de seus cônjuges.

Para elas, a dificuldade de sair desses relacionamentos costuma ser ainda maior, já que não possuem independência financeira e, em muitos casos, uma vida social que vá além do seu lar e da sua família. Para onde elas devem ir ao sair de casa? Com que dinheiro irão se sustentar? Como conseguirão recomeçar e sair de uma vida complicada, injusta e cruel?

O diálogo com essas mulheres é ainda mais necessário e, quase sempre, difícil de ser feito. Cabe a nós, além de respeitarmos suas histórias e vivências, nos aproximarmos delas como um ombro amigo, um suporte no qual podem buscar ajuda quando quiserem e talvez conseguir ajudá-las, seja por meio de denúncia ou acolhimento.

Em um mundo ideal, além de um sistema rápido e eficaz, e de uma sociedade que acredite nas mulheres e não as culpe por esse tipo de situação, todas nós teríamos acesso a terapia.

Algo que ajudaria muitas vítimas de relacionamentos abusivos a conversarem, trabalharem seus problemas e traumas, e a recuperarem sua autoestima. Mas a realidade é diferente, além da falta de acesso a esse tipo de tratamento, há uma resistência da vítima em aceitar que precisa de ajuda.

Nesses casos, acredito que o melhor é sempre se mostrar presente na vida dessas mulheres para que elas saibam que têm a quem recorrer. E, ao longo desse processo, mesmo que elas não enxerguem a violência pela qual estão passando, mostrar como suas angústias estão diretamente ligadas ao relacionamento que estão vivendo. Algo simples de se fazer, mas que pode ser crucial para que, aos poucos, elas se abram e consigam se lembrar de quem eram antes dessa relação.

Além disso, outro ponto que vale ser levantado é que estar inserida em algum grupo feminista torna mais fácil identificar e ajudar mulheres que estão passando por esse problema. Conversaremos sobre a importância da organização em breve, mas é indispensável explicarmos que fazer parte de um coletivo, por exemplo, permite que você tenha mais contato com problemas estruturais e saia da sua bolha.

Dessa forma, se for detectado que há um alto índice de violência doméstica em sua cidade, se torna mais fácil para um grupo buscar políticas públicas que alcancem essas mulheres.

E, assim, organizar palestras informativas sobre o assunto naquela comunidade, fornecer uma ajuda profissional às vítimas, conversar com a associação dos bairros mais afetados para entender melhor a dimensão do problema, entre outras coisas.

Atitudes que nem sempre conseguirão alcançar a todas, mas que podem mudar vidas e se tornar um exemplo dentro das próprias comunidades, formando uma rede de apoio entre as mulheres do lugar. O quê, em cenários como esse, sabemos ser essencial.

Somos livres de verdade?

Um assunto que vejo ser pouco falado, mas que acredito ser primordial em discussões sobre feminismo, especialmente se estamos nos referindo ao que tem sido propagado nas mídias, é a falsa ideia de liberdade que possuímos.

A real liberdade ou, pelo menos, o tipo que almejamos para todas as mulheres, significa autonomia para fazer o que quisermos, sem que nossas ações tragam alguma consequência injusta para nossas vidas. E, quando digo isso, me refiro a todo tipo de punição que a

sociedade tende a imputar em mulheres que fogem da norma imposta.

Na prática, significa que nós teríamos liberdade de verdade se, ao postar uma foto seminua na internet, por exemplo, não corrêssemos o risco de sermos assediadas, de perder nossos empregos, termos medo de futuramente sermos julgadas pelo que fizemos e de nossas fotos irem parar em algum site pornô. Além de muitos outros receios e inseguranças que a sociedade nos causa pelo simples fato de termos compartilhado uma foto de nossos corpos.

A liberdade que vivemos nunca é completa, pois sempre nos deixa à mercê de algum tipo de punição social.

O que é irônico, visto que o discurso de "tudo podemos" continua a ganhar força, ignorando esses revezes.

Isso acontece na grande maioria das vezes, pois uma vertente específica, o feminismo liberal, abraça a ideia de que a atitude que a mulher tem em relação a si mesma molda a forma como a sociedade a vê. Uma maneira individualista e rasa de enxergar as coisas, e que batalha pelo "empoderamento feminino", como se ele fosse resolver todos os nossos problemas.

Para conhecer melhor o conceito, é preciso entender que o feminismo liberal dialoga com o patriarcado e com o capitalismo — algo que não só parece, como também é um grande paradoxo —, além de individualizar pautas que são coletivas. Lutando por uma representatividade vazia, o feminismo liberal propaga ideias que se tornaram famosas e são exaustivamente repetidas na internet, mas que fogem da realidade.

Discursos como "meu corpo, minhas regras", por exemplo, e muitos outros que usam termos como "eu", "meu", "minha" em suas construções são bem comuns nesse tipo de vertente feminista. Algo problemático, já que trata essas frases não como objetivos a serem alcançados para todas as mulheres ao mudarmos o sistema, mas em imposições que podemos fazer individualmente, simplesmente ao repetirmos esses termos em voz alta.

Um feminismo que não mexe com as nossas estruturas sociais, vendendo uma resposta muito simplista e imediatista para um problema complexo e incrustado na sociedade.

Falando especificamente da ideia "mulheres são livres para fazer o que quiserem" (tema que, no fundo, é a base do discurso liberal), esbarramos em inúmeros impedimentos, pois, na prática, isso não é real para nenhuma de nós. Então, quando uma mulher me diz ser livre, sempre a questiono até que ponto vai essa liberdade.

Acho contraditório quando me dizem que sou livre para fazer e ser o que quiser, mas ainda preciso me atentar ao horário em que saio e chego em casa, tenho medo de andar à noite na rua e ser violentada, e não posso amamentar meu filho na rua sem ser hiperssexualizada.

A sexualização de corpos femininos, aliás, é uma das maiores provas da nossa falta de liberdade.

Já passei por situações muito constrangedoras ao amamentar, chegando até mesmo a ver uma pessoa tirando uma foto do meu seio enquanto alimentava meu filho. Que tipo de liberdade é essa? Se refletirmos, até o próprio ato de ser mãe não é uma escolha totalmente individual. Desde pequenas, somos comumente condicionadas a pensar quando iremos procriar. E, quando optamos por não ter filhos, além de sermos julgadas, muitas vezes somos impedidas de passar por um procedimento cirúrgico que garanta essa escolha. E, se formos casadas, nossos parceiros precisam assinar um documento que permita essa decisão.

Das pequenas até as grandes coisas, temos nossa "liberdade" cerceada por diversas questões. Estruturalmente, continuamos a não poder agir como queremos, e ainda que individualmente tenhamos pequenos momentos de autonomia limitados, como chamar de liberdade essa condição que nunca nos permite sua plenitude?

A verdade é que ainda há uma enorme diferença na forma como a sociedade encara a independência de homens e mulheres, permitindo que eles não se sintam acuados, expostos ou hiperssexualizados, enquanto sempre precisamos pensar em todos os "e se" ao fazer alguma coisa.

Por todos esses motivos, o discurso da liberdade feminina é tão preocupante. Para todas nós, obviamente, apenas "tampa o sol com a peneira" e não resolve um problema estrutural pelo qual deveríamos estar lutando. Além disso, esse discurso também ensina uma falácia para as próximas gerações.

É maravilhoso que meninas jovens celebrem seus corpos, tenham consciência de seus espaços e não tenham medo de almejarem serem aquilo que quiserem. É importantíssimo ter isso em mente. Mas o diálogo também deve ser realista e mostrar qual é a verdadeira luta a ser ganha e que haverá revezes da sociedade por nossas ações, pois estamos inseridas em uma estrutura que enxerga e trata de forma desigual gêneros diferentes.

Diariamente, vejo garotas muito novas postando fotos sensuais como forma de celebração, e me pergunto se elas têm consciência do que estão fazendo e de como a sociedade pode reagir agora ou no futuro a respeito dessa exposição.

A falsa ideia de liberdade não fala sobre os problemas que advêm desse tipo de ação. E, dentro da luta feminista, não promove mudanças na vida da pessoa que a está praticando nem na de outras mulheres. Nunca é demais lembrar que essas garotas não têm culpa alguma da forma como a sociedade tende a reagir às suas ações. O que está em discussão não é isso.

Estamos discutindo que julgamentos e consequências ainda acontecem. Pedófilos e estupradores continuam existindo, assim como homens que hiperssexualizam nossos corpos. De nada adianta perpetuarmos a falsa liberdade, visto que nenhuma mudança está sendo alcançada.

O "tudo pode, pois somos livres" é um feminismo completamente ilusório. Não é real, não pesa consequências, não se atém a verdade, não corresponde aos medos e às incertezas enfrentadas todos os dias enquanto mulheres. Infelizmente, ainda precisamos temer o mundo lá fora.

Dentro da sua bolha, fingir que você é livre para agir como quiser não te fará realmente ser.

E mesmo que, do alto de seu privilégio, você possa garantir ser livre em todos esses aspectos, saiba que é uma em um milhão. Mas e o resto de nós? Se só você conseguiu obter essa liberdade, sua conquista nada tem a ver com o feminismo. Para o movimento, enquanto outras mulheres ainda estiverem passando por opressões e punições, a luta não chegou ao fim. O objetivo não foi alcançado.

CUIDADO COM A FALSA REPRESENTATIVIDADE

Desde o começo deste livro, tenho falado sobre o "feminismo de telão" e como ele tem ganhado repercussão. Agora é a hora de explicar com mais profundidade a que exatamente me refiro ao usar o termo e discutir alguns de seus exemplos.

Em primeiro lugar, vamos pensar em situações relacionadas ao feminismo e que tenham recentemente alcançado destaque na televisão e na internet. Pensem em alguma fala ou comportamento que tenha chamado atenção e viralizado, virado *thread* no Twitter, pautado discussões em canais de YouTube ou em programas de tevê. Quem eram as mulheres que estavam à frente dessas polêmicas? Elas eram mulheres assim como a maioria de nós ou ricas, *influencers*, atrizes e com o estilo de vida socioeconômico completamente diferente?

É notório como as situações a respeito de feminismo que mais geram repercussão midiática costumam ser as de mulheres que não representam a maior parte da população. Na sua grande maioria, elas são famosas e vivem realidades muito distantes da nossa. É por isso que quando vemos uma atriz bem-sucedida, com uma excelente vida financeira, nas capas de revistas falando sobre direitos das mulheres é um tanto difícil nos sentirmos representadas por aquela figura.

Não porque seu discurso não seja importante ou que ela também não possa contribuir para a causa, mas não é possível nos enxergamos na sua vivência, não nos sentimos próximas a ela ou ao padrão de vida que leva. São justamente essas mulheres que ganham espaço excessivo e repetidamente para falar sobre o movimento feminista, utilizando um discurso que passa longe da camada popular. Suas falas não costumam atingir trabalhadoras, donas de casa e mulheres como a maioria de nós, as quais, muitas vezes, têm seu primeiro contato com o movimento por meio da televisão e da internet, ou seja, justamente nos espaços em que essas atrizes e *influencers* estão.

Como já não fosse o suficiente, assim como já conversamos aqui, o feminismo liberal vem ganhando cada vez mais força nesses ambientes e entre essas mulheres, exatamente por ser mais palatável para estar nas mídias. E o estrago que o movimento causa não é pouco.

As frase de efeito que falam sobre liberdade e empoderamento são fáceis de digerir e pregam tanto a ideia de que a mulher pode tudo e está livre para fazer o que bem entender, que chegam até mesmo a distorcer o que seria a liberdade.

Isso faz parecer que donas de casa, mães e mulheres que vivem em um modelo tradicional de família não podem ser feministas, como se elas não tivessem alcançado esse nível de autonomia e não pudessem ser felizes e realizadas em suas vidas.

Exatamente por esse tipo de pensamento é que já me deparei com pessoas que tiveram reações e questionamentos bastante ofensivos ao descobrirem que eu era a criadora do Instagram *Feminiismo*. Cheguei a ouvir frases como: "Mas você é mãe?"; "Você não abortou seu filho?" quando descobriram mais sobre a minha história.

Imaginem, então, como é para uma mulher que trabalha fora de casa, cuida dos afazeres domésticos, educa e protege seus filhos, ouvir esse tipo de discurso? Ela é uma supermulher, mas ainda assim acha que o feminismo não é um movimento feito para ela, pois quem fala sobre isso nunca a inclui em suas conversas e muito menos se parece com ela.

Em vez de aproximar, acolher e representar as mulheres que estão na base do nosso corpo social, o feminismo liberal as afasta ainda mais do movimento. O discurso extremamente vazio e distorcido ganha cada vez mais visibilidade, atuando por intermédio de rostos, vozes e vivências que não correspondem em nada ao que a grande maioria dessas mulheres vive.

Quando apontamos as problemáticas nos discursos midiáticos, não estamos dizendo que essas mulheres precisam moldar suas falas e parecerem algo que não são, ou até mesmo tentar reproduzir uma vivência que não possuem. Elas necessitam conhecer o assunto e compreender as estruturas de nosso país. Entender, por exemplo, que o Brasil ainda é um território majoritariamente cristão[4], então, é preciso tomar cuidado com a forma como determinados assuntos são abordados para não assustarmos ou ofendermos essa parcela da população.

Isso não significa a venda de nossa ideologia ou estarmos deixando de lutar da forma como acreditamos estar correta, mas um indicativo que precisamos saber como dialogar com essas pessoas para entenderem que o feminismo também é feito por e para elas, e não as afastar de nós. Essa é a maneira de pararmos de falar para uma, aquela parte já integrante da nossa bolha e minimamente conhecedora do movimento, e expandir o assunto para pessoas que nem sabem o quanto precisam dele. A falsa representatividade nas redes sociais, no entanto, não é o único exemplo de "feminismo

---

[4] 50% dos brasileiros são católicos, 31% evangélicos e 10% não têm religião, diz Datafolha. Disponível em: https://g1.globo.com/politica/noticia/2020/01/13/50percent-dos-brasileiros-sao-catolicos-31percent-evangelicos-e-10percent-nao-tem-religiao-diz-datafolha.ghtml. Acesso em 23/08/2020.

de telão" com o qual precisamos lidar. Na política, por exemplo, esse movimento também acontece, especialmente quando candidatas femininas se elegem para determinados cargos pela ideia da importância de termos mulheres no poder.

Apesar da importância de termos mulheres em cargos poderosos, não podemos votar em uma mulher simplesmente pelo seu gênero, devemos buscar uma representante dos nossos direitos.

De que adianta elegermos mulheres que não nos representam quando mais precisamos delas e que apenas continuam a perpetuar o sistema patriarcal?

Isso vale para todas as situações nas quais vemos figuras femininas em destaque na sociedade. Para o movimento feminista, de nada vale o cargo que a mulher ocupa ou foi eleita se ela não o usar para lutar por melhorias. E vale dizer: as melhorias devem atingir além de seus pares, precisam ajudar as vítimas das opressões do nosso sistema.

Mais uma vez, precisamos lembrar que ao falarmos de feminismo, falamos de um movimento coletivo, e alcances individuais se tornam inspiradores e importantes quando passam a abranger todas nós. Assim, ao vermos uma mulher com alto cargo em uma empresa, por exemplo, mais do que comemorar sua posição, é preciso que ela seja uma boa empregadora, pague um salário justo aos funcionários e promova políticas de inclusão dentro da sua corporação. Além de contratar mulheres e remunerá-las com um salário compatível aos de homens na mesma posição e promover um ambiente seguro de trabalho, em que opressões como o machismo e o racismo não sejam permitidas. Esse é o tipo de representatividade que queremos.

Além disso, precisamos questionar se para chegar na posição em que está, essa mulher não passou por cima de outras minorias ou até mesmo por cima das próprias pessoas que diz representar. Afinal, para alguém estar no topo, é necessário que outras mulheres estejam na base da pirâmide. O que faz com que a nossa luta não seja para que uma ou duas de nós alcancemos essas posições de destaque, mas para que todas estejam bem e possam ocupar os espaços que desejam. Algo que só vamos alcançar quando conseguimos romper com as estruturas violentas vigentes, sejam elas sociais, raciais ou de gênero.

A (MÁ) INFLUÊNCIA DA INTERNET NA PROPAGAÇÃO DE DISCUSSÕES RASAS

Você já fez uma busca no Twitter a respeito da palavra "feminismo"? Se a sua resposta for não, te aconselho a poupar-se dessa aventura. Sim, há muita gente debatendo o tema de maneira séria, porém o que impera é a propagação de desinformação. Além de grande parte dessas discussões serem carentes de bases teóricas, vemos também muita falta de respeito nesses debates. Tanto com pessoas que vieram antes de nós e dedicaram sua vida a estudar o movimento quanto com pessoas que vivenciaram algumas realidades intrínsecas a ele.

O feminismo tem uma história já estabelecida por trás. Para chegarmos neste momento que conhecemos agora, erramos, acertamos, estudamos, vivemos, consolidamos teorias, discutimos, nos aprimoramos e conquistamos espaço. Nada se fez do dia para a noite. E o que não faltam são leituras sobre essa trajetória e sobre as bases do movimento.

No entanto, vemos na internet uma abundância de conhecimento raso e equivocado sobre o assunto. Além de uma tentativa esdrúxula de contornar parte dessa história para que o feminismo seja ajustado às narrativas que estão sendo construídas, como se fosse possível adaptar determinadas premissas do movimento para que elas se encaixem melhor na história que está sendo contada.

Muitas mulheres que se dizem feministas passam a falar sobre o assunto na internet, por exemplo, costumam não entender que o movimento não é apenas sobre se amar, se aceitar e acreditar que mulheres devem ter os mesmos direitos que os homens. Estes posicionamentos, na verdade, costumam ser os mais óbvios, mas eles são apenas a ponta do iceberg de algo muito maior.

O feminismo vai muito além de indagações centralizadas, é preciso expandir o debate para outras mulheres, outras vivências, outras violências, pensando e discutindo pautas que atinjam a todas nós.

O movimento é uma mistura de teoria com prática. Se você não possui esse entendimento, pois não se aprofunda em leituras e estudos sobre e não coloca em prática a busca por mudanças, é complicado se autointitular como "feminista". Você pode, obviamente, ser simpatizante do movimento, apoiar as discussões e estar de acordo com a causa, mas não é uma de nós.

Por isso, muitas vezes, a internet se torna prejudicial a nossa luta. Ainda que ela nos forneça muito conteúdo de qualidade, há também uma porção de mulheres com um grande público que se diz feminista e fala sobre o assunto, mas não possui o entendimento teórico necessário nem a prática diária. Além de injusto, por usurparem um assunto muito importante pelo modismo e pelos likes, é também danoso, pois espalha muita desinformação.

Para piorar, muitas de suas seguidoras não fazem questão de se aprofundarem no assunto, vivendo o feminismo apenas dentro da sua bolha de internet. Especialmente com as novas gerações, enfrentamos o fato de estarem acostumadas com um mundo muito imediatista, em que todas as respostas são obtidas com uma breve busca no Google e, nesse contexto, sabemos que isso não funciona.

Não há como aprender a ser feminista por uma página da Wikipédia ou uma legenda de Instagram. É preciso tempo, dedicação, curiosidade, leituras, vivências... Uma construção de informações e práticas que só alcançamos com o tempo. Especialmente porque estamos falando de um movimento político, que demanda interações com outras pessoas e exercícios diários. Sejam eles em grande escala, como acontece em coletivos e partidos políticos, ou em pequenas, como na busca por mudanças no seu prédio, dentro da empresa em que trabalha, entre os seus amigos etc.

O que não pode acontecer é acharmos que frases de efeito sobre ser *girl power* ditas nas redes sociais nos transformam em feministas.

A internet e as redes sociais podem até ser uma porta de entrada para muitas mulheres conhecerem o movimento feminista, mas elas não devem ser o fim do processo.

COMO A PUBLICIDADE TEM USADO O FEMINISMO PARA LUCRAR

Se na internet se dizer feminista virou moda e sinônimo de engajamento, nem que seja para gerar discussão, na publicidade, o feminismo é a bola da vez para lucrar. Não só ele, mas também o combate a gordofobia, o antirracismo, a defesa dos direitos LGBTQIA+[5] e muitas outras pautas de grupos oprimidos socialmente.

Muitas marcas dizem se importar com essas questões, mas a preocupação é apenas fachada, pois ao mesmo tempo em que passam a ser vistas como marcas inclusivas, algo que finalmente vem sendo cobrado por uma parcela da população, conquistam um público que acredita estar investindo em uma empresa apoiadora de sua luta, também geram repercussão, apostando em campanhas que, bem ou mal, viralizam e as fazem ganhar destaque.

Claro que isso não é uma regra em todo o mercado. E existem marcas comprometidas e apoiadoras dessas pautas, não apenas compartilhando textões no Instagram e fazendo campanhas sobre o assunto, mas possuindo políticas internas que correspondam a esses princípios. O que, aliás, deveria ser a nossa principal preocupação.

Criar uma imagem *girl power* nas redes sociais é fácil e amigável, mas quando vemos os bastidores de todo esse trabalho, descobrimos

---

[5] Lésbicas, gays, bissexuais, transexuais ou transgêneros, *queer*, intersexo, assexual e outeas possibilidades de orientação sexual.

que muitas vezes a marca não possui nem mesmo uma política de contratação de mulheres. Além de não nomear pessoas pretas para cargos de destaque, de não se importar com reproduções de racismo entre seus funcionários e de não fornecer nenhum tipo de segurança para seus empregados. Um caso claro da falsa representatividade sobre a qual já conversamos aqui.

Quando afunilamos o assunto para o setor têxtil, a situação costuma ser ainda mais complicada, especialmente quando falamos sobre os *fast-fashions*.

Neste modelo de produção, em que a rotação de novas coleções é grande e o preço das peças é mais acessível ao público, é frequente esbarrarmos em lojas que vendem blusas com dizeres feministas, mas que nos fazem questionar o tipo de mão-de-obra usada para dar conta da sua demanda.

Campanhas inclusivas precisam ser celebradas, obviamente, mas é importante que todas as pessoas se sintam representadas nos produtos que consomem.

Por anos, tivemos um padrão estético hegemônico no setor publicitário, que abarcava apenas uma pequena parcela da população e fazia com que milhares de pessoas nunca se vissem espelhadas em muitos espaços. Logo, é extremamente importante e acolhedor que todos os tipos de corpos, vozes, estilos de vida, orientações sexuais, crenças e raças se vejam refletidos na televisão, na internet, nos *outdoors* e em todos os conteúdos que consumimos. Mas precisamos procurar saber também se o discurso mostrado ao público por esses estabelecimentos é o mesmo que eles praticam quando ninguém está vendo. E se, na vida real, essas pessoas que finalmente estão sendo representadas em campanhas também são acolhidas por eles.

O que normalmente acontece, no entanto, é que muitos desses negócios parecem só se lembrar de minorias em alguns meses específicos. Em junho, mês do orgulho LGBTQIA+, eles celebram seus consumidores gays, trans, bi etc. Em novembro, quando temos o Dia da Consciência Negra, surge a pauta antirracista. Em março, no Dia Internacional da Mulher, eles lembram da importância de homens e mulheres terem os mesmos direitos.

Mas e nos outros dias do ano? Não é importante discutir esses assuntos? Independentemente da data, minorias continuam sistematicamente a sofrer as mesmas violências, o que não parece importar para muitas dessas grandes empresas.

Ainda que a representatividade seja muito necessária na publicidade, não podemos nos iludir e achar que é apenas para isso que batalhamos.

Até porque, partindo do princípio que essas marcas atendam a toda a população ou, pelo menos, grande parte dela, o mínimo que seus negócios deveriam fazer é estarem conectados aos clientes, representando a todos eles. E aqui me refiro, obviamente, a marcas grandes, que possuem estruturas imensas, uma enorme cadeia de produção e capital mais do que suficiente para investir em boas políticas internas e externas.

Negócios locais e marcas pequenas claramente vivem uma realidade muito diferente e, ainda assim, às vezes, fazem mais por essas causas do que muitas delas.

Esse problema, no entanto, está longe de ser uma exclusividade apenas da publicidade. Em geral, o capitalismo costuma se aproveitar de qualquer pauta que esteja em alta para utilizá-la da forma que lhe convém e capitalizar em cima do assunto. Cabe a nós, infelizmente, separar quem faz isso apenas para se promover e lucrar, de quem se relaciona com o assunto em todas as suas fases de produção.

Por isso é importante pesquisarmos sobre uma empresa para sabermos quais são suas reais políticas internas de trabalho e nos inteirarmos sobre quais tipos de candidatos recebem apoio delas.

A REAL DEFINIÇÃO DE SORORIDADE

Apesar de já termos conversado um pouco sobre sororidade, esse termo que se popularizou ao falarmos sobre feminismo, cabe um pouco mais de explicação a seu respeito, pois como já vimos, ele também tem seu significado distorcido. Sororidade tem a ver com a ideia de nos solidarizarmos com outras mulheres por vivenciarmos a mesma violência de gênero. Isso, no entanto, sem perder de vista que elas possuem suas particularidades, suas próprias vivências e podem até mesmo sofrer com outros tipos de violência.

Enquanto mulheres, podemos ter empatia umas pelas outras no que se refere a termos sido criadas em um mundo extremamente machista e entendermos também que fomos ensinadas a competir umas com as outras, mas não precisamos perpetuar esse tipo de comportamento nem mesmo passá-lo para as próximas gerações. Inclusive, nesse aspecto, devemos buscar ser até um pouco mais parecidas com os homens, que parecem seguir um código de lealdade imaginário, que faz com que eles se apoiem sempre que necessário.

Essa solidariedade entre as mulheres no tocante aos machismos diários que sofremos pode ser poderosa.

Em um sistema patriarcal como o que estamos inseridas, ter alguém que compreenda as dores pelas quais passamos é acalentador, ainda que em diferentes contextos e experiências, mas o caminho torna-se um pouco mais fácil.

Quando a sororidade é bem utilizada, torna-se um conforto para muitas de nós. Porém, quando utilizada como passe livre para tirar a responsabilidade de uma mulher por suas atitudes, ela é bastante danosa. E, para piorar, ainda reforça um estereótipo pelo qual somos muito atacadas e que não condiz com o que acreditamos: todas as mulheres sempre têm razão e devemos apoiar umas às outras não importa o que tenha acontecido.

Outra forma problemática de colocar a sororidade em prática no dia a dia é achar que tudo bem nos solidarizarmos apenas com mulheres que são parecidas conosco ou com quem compartilhamos algum tipo de proximidade. Como se não houvesse problema em eu, por exemplo, pelo fato de ser mãe, apenas ter empatia por outras mulheres que também são mães, não respeitando e julgando aquelas que não querem ter filhos. Um tipo de atitude que, além de reproduzir violência, não compreende que cada mulher possui sua própria vivência, suas próprias vontades e planos de vida.

Há ainda quem não veja nada de errado em colocar em prática sua sororidade na internet e entre suas amigas, mas não tem esse mesmo tipo de empatia com mulheres mais velhas.

Alguém que sobrecarrega sua própria mãe nas funções do lar, mas adora falar no Instagram sobre a importância de nos unirmos.

Assim, é bom reafirmar que uma sororidade elitizada, racista, seletiva, sem análises de interseccionalidade, que defenda mulheres mesmo quando elas estão erradas, servindo apenas para as suas semelhantes e que deturpe seu significado para que ele se encaixe convenientemente no que você precisa, não é sororidade. Ela pode receber o nome que você bem entender, mas não está nem perto de ser o tipo de apoio que defendemos.

Maternidade

Eu não poderia, de forma alguma, escrever um livro sobre feminismo, seus intuitos e questionamentos, sem falar sobre maternidade. Este é um tema debatido com certa recorrência tanto no perfil do *Feminiismo* quanto no meu perfil pessoal, porém, a maternidade faz parte do movimento de maneira contundente — ainda que haja muitas pessoas que neguem ou fechem os olhos para essa realidade.

Especialmente nos últimos tempos, tenho notado o surgimento de um debate acalorado sobre esse assunto e como as próprias mães não se sentem acolhidas dentro do movimento. Isso tem vindo à tona junto com uma outra questão, sendo esta, ao menos, benéfica: mulheres que não querem ter filhos estão criando coragem para falarem abertamente sobre isso. Ainda que haja um grande estigma social, mulheres têm conseguido falar com mais coragem e segurança sobre esse tipo de escolha. Obviamente, isso é algo a ser comemorado, mas, em contrapartida, tem gerado também um movimento de violência com mães feministas.

O que quero dizer com isso é que uma parcela de mulheres que não quer ser mãe, ao defender seus direitos de não reprodutibilidade, acaba caindo em um discurso que foca de maneira errada no problema. Em vez de essas mulheres falarem sobre como essa decisão precisa ser entendida de maneira menos agressiva pela sociedade — afinal, isso diz respeito às suas escolhas —, os debates permeiam sobre tudo o que podem ser se não forem mães. Nesse contexto, cheguei até mesmo a ver um meme que trazia a frase: "Se você não for mãe, o que você vai ser?", as respostas apontavam uma médica, uma professora, uma mulher viajando e uma mulher livre. Como se o ato de ser mãe nos impedisse de ser quaisquer uma dessas coisas, de ser quaisquer uma dessas mulheres.

A forma que essas mulheres encontraram de reivindicar seus direitos é problemática, pois reproduz violência com outras de nós. As quais, por vezes, precisaram abdicar de seus sonhos por conta da maternidade. Uma experiência que, infelizmente, continua a não ser uma escolha em nossa sociedade, ainda que muitos defendam um discurso contrário a isso.

Aliás, para quem segue duvidando se a maternidade é uma opção ou não, é bom lembrar que ainda lidamos com o discurso da maternidade compulsória, a falta de uma educação sexual de qualidade, de métodos contraceptivos efetivamente seguros e da real dimensão do que é ser mãe. Especialmente porque mulheres, por vergonha ou medo de serem julgadas — já que é construída uma imagem de um conto de fadas dessa experiência —, tendem a esconder as angústias e as partes mais dolorosas desse processo.

No Instagram, quando passei a tratar sobre maternidade de uma maneira mais real e abordando aspectos poucos falados, o *Feminiismo* e até mesmo meu perfil pessoal ganharam mais visibilidade. Em 2017, nas vezes em que o tema surgia, costumava receber muitas críticas, mas dialogando com outras mulheres no Instagram, encontrei um espaço seguro e saudável para conversar sobre o assunto.

Assim, nos últimos anos, ao passo que avançávamos na sinceridade com que tratávamos a maternidade, também precisamos lidar com o discurso agressivo perpetrado por algumas mulheres que, ao legitimarem sua escolha (e, sim, ela deve ser legitimada), optam pelo caminho tortuoso de atacar, dando a entender que mães não merecem ter a mesma liberdade delas. Um tipo de violência que procuravam combater, mas que passam a reproduzir com outras mulheres.

Isso fez com que víssemos ganhar força a ideia de que mães estão "trancafiadas" unicamente nesse aspecto, como se não pudessem ser outras coisas além disso, e também a de que elas e a própria pauta da maternidade não pertencem a luta feminista e a busca por liberdade.

É absurdo e brutal partir do pressuposto de que mulheres com filhos só podem ser lidas como mães, não podendo ser livres nem fazer parte de um movimento feito por e para mulheres.

Já recebi críticas em meu Instagram pedindo para não falar mais sobre esse assunto, como se ali não houvesse espaço. Mas quem falou isso, provavelmente, não se atentou para o seguinte fato: ainda que ela não seja mãe, veio de uma.

Se não falarmos sobre maternidade em espaços feministas, estamos nos negando a conversar e debater com milhões de mulheres que existem em nosso país.

Ao deixar de falar sobre maternidade dentro do feminismo estamos, inclusive, deixando de abordar os tipos de violência enfrentados por mulheres que são mães.

Desde aquelas que se mantêm em relacionamentos abusivos devido aos seus filhos, pois dependem financeiramente de seus companheiros, até aquelas que perderam seus empregos ou nem ao menos foram contratadas por terem crianças pequenas. Mulheres que são mães solo em situação de vulnerabilidade social, mulheres trabalhadoras, mulheres chefes de família, mulheres das mais variadas raças, credos e classes sociais.

É importante lembrarmos ainda que quando falamos sobre maternidade e sobre conversar com mulheres que são mães, estamos falando diretamente com aquelas que estão dando vida e criando as próximas gerações, ou seja, a partir do momento que as excluímos desses debates, deixamos de comunicar coisas importantes para quem moldará a sociedade em breve.

Futuramente, crianças serão os agentes transformadores de nosso meio, e é triste notar como, muitas vezes, as deixamos de lado por conta de pensamentos, como os que estamos discutindo, com suas progenitoras. Inclusive, elas também sofrem com as reproduções de violência do nosso sistema, tanto que, de tempos em tempos, somos bombardeados com um discurso de que crianças não devem ocupar espaços públicos. Uma ideia que as tira do convívio em sociedade e não permite que elas se socializem, aprendam a ocupar os espaços e respeitem os limites dos outros.

Como feministas, é inconcebível que neguemos esse acolhimento, essas discussões e esse entendimento de que mães não só podem, como devem fazer parte do movimento. E que compreendamos também que se o seu feminismo não foi feito para incluir mães, mulheres pretas, gordas, LGBTQIA+, e tantas outras que existem em nossa sociedade, ele não é feminismo, é apenas uma forma que você encontrou de falar sobre os problemas que te atingem, dentro das suas perspectivas e da sua realidade, enxergando apenas a você mesma e a suas iguais nesse processo.

A ETERNA FUNÇÃO DE MATERNAR

Você já reparou como, ao longo de nossas vidas, as pessoas sempre exigem uma compreensão maior de nós, mulheres, do que dos homens? Sempre somos colocadas como as responsáveis por amparar, dar carinho, colo e suporte para os outros. Não à toa, mulheres representam 75% de todo o trabalho de cuidados não remunerados do mundo[6]. Estamos sempre ocupando essas funções, de maneira paga ou não, como se só coubesse a nós o papel de ser maternal com as pessoas ao nosso redor.

Inclusive, a cobrança da sociedade para que perpetuemos um estereótipo de feminilidade está ligada a essas expectativas, pois inclui, den-

---

6 Mulheres fazem 75% de todo o trabalho de cuidados não remunerado do mundo. Disponível em: https://g1.globo.com/natureza/blog/amelia-gonzalez/post/2020/01/20/mulheres-fazem-75percent-de-todo-o-trabalho-de-cuidados-nao-remunerado-do-mundo.ghtml. Acesso em 24/08/2020.

tre outras coisas, que sejamos fofas, delicadas e tenhamos um jeito de falar manso e compreensivo. Mas isso, obviamente, apenas com os outros (leia-se homens), porque ao longo da vida, muito raramente priorizamos o cuidado com outras mulheres e conosco. O que nos leva, em muitas situações, a adoecer, principalmente por conta desses comportamentos nos serem cobrados o tempo todo, seja no campo pessoal ou profissional. Até mesmo dentro das nossas famílias é muito comum que essas funções recaiam sobre nós. Mesmo que não tenhamos filhos, maternamos algum irmão, tio ou avô. E ficamos sempre encarregadas de dar o remédio, de marcar a consulta no médico, de levar para tomar a vacina, de fazer a comida da casa, de estar atenta a qualquer coisa que nossos companheiros, filhos e demais familiares precisem, sendo sobrecarregadas com todo tipo de incumbências.

Quando engravidei do meu primeiro filho, o Benício, escutei de algumas pessoas que seria muito mais fácil se eu tivesse uma menina. O motivo? O fato de que ela seria muito mais carinhosa, pois meninas são mais doces do que meninos. Isso chegou a me embrulhar o estômago. Como dizer que um ser que ainda nem nasceu não tem a capacidade de ser carinhoso apenas por ter um pênis no meio das pernas? Como as pessoas não percebem que a criação diferenciada entre meninos e meninas determina se serão ou não carinhosos?

Especialmente nos primeiros anos de vida, crianças reproduzem o que veem e a forma como são tratadas. Como não esperar, então, que meninas, ensinadas a serem delicadas, não reproduzam esse mesmo comportamento, e garotos dos quais já se pressupõe mais rebeldia e desleixo e, por isso, são tratados assim, também não façam o mesmo? É claro que não podemos desprezar as personalidades individuais de cada ser humano, mas isso nada tem a ver com acreditar que seu gênero determinará esse tipo de característica.

Sempre fiz questão de ser muito carinhosa com meu filho, o ensinando que tudo flui melhor quando é feito com cuidado e carinho em vez de agressividade. E hoje, aos três anos, vejo os reflexos de sua criação, ao perceber o quanto ele é amoroso.

O que acontece, na maioria das vezes, é que a criação dada a meninos e meninas é diferente, é fiel aos estereótipos que a sociedade impõe. Por isso, garotas são ensinadas a cuidar e a se responsabilizar pelas pessoas e tarefas ao seu redor. O que vai desde os afazeres domésticos até tomar conta dos irmãos mais novos.

Isso se perpetua de maneira tão recorrente que levamos esse fardo para os relacionamentos, continuamos a maternar homens já crescidos, mesmo sem receber o mesmo tipo de proteção de volta. Para se ter ideia, segundo uma pesquisa realizada pelas Universidades de Stanford e Utah e pelo Centro de Pesquisa Seattle Cancer Care Alliance[7], mulheres têm seis vezes mais chances de serem abandonadas pelos seus maridos após descobrirem ter alguma doença grave. É doloroso que, por imposição da sociedade e devido às ações que aprendemos a reproduzir, sejamos sempre aquelas que cuidam, mas, em contrapartida, nunca somos cuidadas. Uma via de mão única que nos coloca em um caminho penoso, mas poderia ser diferente.

É urgente que a criação das crianças seja encarada de outra maneira para possibilitar o crescimento de adultos funcionais que saibam se cuidar — e cuidar de outros também, quando necessário.

---

[7] Na saúde, sim. Na doença, não. Disponível em: https://istoe.com.br/31664_NA+SAUDE+SIM+NA+DOENCA+NAO/. Acesso em 24/08/2020.

Só assim teremos uma sociedade mais cooperativa, que não sobrecarregue suas mulheres.

MATERNIDADE COMPULSÓRIA

"Dani, como será o nome da sua filha?" Escutei esta pergunta do alto dos meus seis anos de idade e sem nem saber ao certo como respondê-la. Porém, o discurso por trás fazia muito sentido com o que era dito para a maioria das garotas da minha idade: um dia, nós seríamos mães. Dar à luz e cuidar de outro ser humano é algo a que estávamos destinadas.

É claro que, naquela época, eu não sabia disso, mas com o passar dos anos e a chegada da vida adulta, entendi que esse tipo de pensamento estava relacionado a uma ideia muito presente em nossa sociedade, a maternidade compulsória.

Para quem não sabe, a palavra "compulsória" está relacionada a algo que nos é imposto, sendo obrigatório de se fazer. Maternidade compulsória, nada mais é do que essa ideia colocada na cabeça de meninas de que um dia elas serão mães e irão cuidar de suas casas e de seus filhos, pois essa é a ordem natural da vida. Esse tipo de estímulo nos é imposto desde a primeira infância, com brinquedos que simulam itens domésticos e bonecas — as quais, inclusive, são sempre tratadas como "filhinhas".

Eu, felizmente, fui uma exceção à regra. A pergunta que me fizeram sobre o nome da minha filha não veio dos meus pais, que me criaram bem longe desse tipo de imposição. Daí o motivo para eu ter ficado tão surpresa com o que me disseram. Tive a sorte de minha mãe sempre fazer questão de deixar claro que a maternidade não precisava ser uma obrigação na minha vida. Ela deveria ser uma escolha, uma possibilidade, assim como havia sido para ela, que havia me desejado e planejado junto com meu pai.

Anos depois, entendi que a realidade da maioria de nós era bem diferente.

Quando pequenas, a maioria das mulheres já começa a ser educada para cuidar de sua "filhinha", a brincar de fazer comida e a arrumar a casa.

Jovens, elas passam a ser questionadas sobre "os namoradinhos", uma pergunta que se intensifica com os anos. Quando começam a namorar, não demora muito para surgirem os primeiros questionamentos sobre o casamento. O qual, quando ocorre, já vem obviamente precedido da cobrança por filhos. Assim mesmo, no plural. Depois do nascimento do primeiro, não tarda para alguém questionar quando o primogênito ganhará companhia.

Ao longo de todo esse processo, no entanto, somos bombardeadas com a ideia de que a maternidade trará plenitude para nossas vidas. De que esse é o objetivo a ser alcançado, só seremos felizes e realizadas quando formos mães, pois esse é um amor inigualável, uma experiência impossível de se equiparar a outra na vida da mulher. O que pode ser verdade para algumas de nós, mas, nem de longe, uma unanimidade. Especialmente porque as pessoas só tendem a falar sobre os bônus dessa experiência, sem levar em conta os ônus. Que não apenas existem, como são muitos.

A maioria das pessoas não fala sobre as dificuldades, o cansaço ou o trabalho atrelado à maternidade. Tampouco sobre a rotina completamente diferente, em que imperam as noites maldormidas e muita insegurança e frustração no caminho. Elas não contam que muitas pessoas irão querer palpitar na criação do seu filho, julgando saber mais do que você ou seu médico.

E nem que todos os amigos e familiares que cobravam que você engravidasse não vão te ajudar a cuidar do bebê quando ele nascer.

Impor a maternidade como se só essa experiência tornasse a jornada da mulher completa é uma das agressões mais enraizada em nossa sociedade.

A maternidade compulsória transmite a ideia de que casar e ter filhos tem que ser o nosso grande objetivo, de forma a não podermos ter outros propósitos de vida. Ou, ao menos, não propósitos que atrapalhem essa experiência, já que a maternidade deve ser a nossa prioridade.

Por muito tempo, mulheres que não queriam ser mães sofreram com a forma como a sociedade reagia à sua escolha. A pressão para vivenciar essa experiência ainda é imensa e, mesmo adultas, conscientes dos próprios atos e decididas a traçar outros caminhos, mulheres continuam a conviver com esse tipo de cobrança.

Dizer que elas se arrependerão no futuro é só uma das táticas usadas. Outra, é perguntar se elas odeiam crianças, como se as duas coisas precisassem estar relacionadas e gostar de crianças fosse o suficiente para querer engravidar.

A maternidade compulsória ainda é muito presente em nosso sistema, mesmo que tenhamos avançado em inúmeras outras questões. Não optar por ser mãe ainda é tratado como uma exceção à regra. Exceção essa que, por inúmeras vezes, será questionada de sua decisão. E muitas mulheres ainda acreditam terem liberdade vivendo em um sistema assim.

AS DIFICULDADES DAS MÃES SOLO

Segundo Dados do Conselho Nacional de Justiça, apurados de acordo com o Censo Escolar de 2011, há 5,5 milhões de crianças brasileiras que não possuem o nome do pai em sua certidão de nascimento[8]. O número é expressivo, mas cresce ainda mais quando o assunto são crianças que sofrem com o abandono paterno.

Quando olhamos de maneira mais realista para esse problema, percebemos que até mesmo grande parte das crianças que possuem esse re-

---

8 Brasil tem 5,5 milhões de crianças sem pai no registro. Disponível em: https://exame.com/brasil/brasil-tem-5-5-milhoes-de-criancas-sem-pai-no-
-registro/. Acesso em 24/08/2020.

gistro em sua certidão não contam com a presença de seus progenitores em sua vida.

Basta observarmos com atenção o nosso entorno para reconhecermos inúmeros pais que não participam da criação, dos ensinamentos e muito menos dos cuidados com seus filhos.

Muitos deles apenas pagam pensão, sem terem nenhum tipo de relacionamento com a criança. E muitos moram sob o mesmo teto de seus rebentos, mas não se importam em dividir com suas companheiras as demandas diárias exigidas para criar outro ser.

Por isso, devemos ter em mente que nem todo progenitor é pai. Se ele é omisso em seus deveres — ainda que seja presente financeiramente, já que é obrigado por lei — ele não é pai. É, no máximo, um doador de esperma. O que torna o número de mulheres que criam seus filhos sozinhas muito maior do que podemos imaginar.

Nossa sociedade, no entanto, é tão machista que até em situações como essa ocorre a culpabilização da vítima. Assim, é comum ouvirmos que esse tipo de abandono só aconteceu porque a mulher não soube escolher seu parceiro, como se a culpa por aquela criança não ter um pai fosse da mãe.

Em vez de responsabilizarmos aqueles que são ausentes e não estão cumprindo com o seu papel, mais uma vez, jogamos a obrigação nas costas da mulher. Não bastasse o julgamento moral pesado e absurdo por parte da sociedade, a maternidade solo dá inteiramente para as mães o peso de criar, educar e, muitas vezes, prover financeiramente essas crianças.

Responsabilidades que em uma situação normal e correta deveriam ser divididas igualmente entre os pais. Por sorte, algumas dessas mulheres contam com uma rede de apoio, um grupo de pessoas que podem ajudá-las quando necessário, mas existem inúmeras mães por aí que não possuem nenhum tipo de auxílio, ficando com todas as demandas sob sua responsabilidade.

Com o acúmulo de tantas funções, muitas não conseguem trabalhar fora de casa, já que não tem com quem deixar o filho. Isso as coloca em uma situação de vulnerabilidade social, em que a falta de dinheiro e não poder pagar uma creche faz com que elas não trabalhem de maneira fixa e continuem a não ganhar o que necessitam. Um ciclo difícil de ser contornado e que vemos acontecer, infelizmente, com muita frequência.

Assim, além de todo o cansaço natural que a maternidade real proporciona e das dificuldades em se criar uma criança, mães solo precisam lidar sozinhas com todas essas questões e, na maioria das vezes, em situações econômicas completamente desfavoráveis e sendo constantemente julgadas. Social e economicamente, elas ficam à margem da sociedade.

Também é importante, e necessário, lembrar que quando falamos sobre mães solo, estamos falando sobre mulheres. Seres que também precisam de afeto, de vida social, de lazer e da necessidade de serem enxergadas como indivíduos, não apenas como mães.

Algo que é ainda mais difícil para elas do que para outras mulheres que experimentam a maternidade, já que seus filhos são ainda mais dependentes de suas ações.

Em um país onde as dificuldades de ser mulher e de ser mãe já são grandes, mães solo precisam de uma força e grandeza admiráveis, mas que nunca deveriam ser necessárias para alguém criar um filho. Uma realidade doída não apenas por ser difícil, mas também por ser injusta, machista e moralista.

VIOLÊNCIA OBSTÉTRICA

Falar sobre maternidade no Brasil e não falar sobre violência obstétrica é, infelizmente, algo quase impossível de se fazer. Para termos ideia, segundo a pesquisa Nascer no Brasil, coordenada pela Fiocruz, uma em cada quatro mulheres do nosso país já sofreu com essa prática[9].

A violência obstétrica se caracteriza por uma série de condutas impróprias, invasivas e, muitas vezes, prejudiciais que podem ser impostas para a mulher durante a gravidez, o parto, o pós-parto e até mesmo durante o aborto.

Geralmente causada por um profissional de saúde, esse tipo de agressão é variado e pode ocorrer de diferentes formas, por isso, costuma ser difícil até mesmo para a própria mulher identificar que está passando por esse tipo de situação. Surge, então, mais um dos motivos para nos informarmos a seu respeito, já que se precaver contra esse tipo de abuso e saber constatá-lo quando necessário é de extrema importância. A violência obstétrica ocorre tanto de maneira física quanto

---

9 Violência obstétrica: 1 em cada 4 brasileiras diz ter sofrido abuso no parto. Disponível em: https://epoca.globo.com/vida/noticia/2015/07/violencia-obstetrica-1-em-cada-4-brasileiras-diz-ter-sofrido-abuso-no-parto.html. Acesso em 24/08/2020.

psicológica e inclui, dentre outros muitos tópicos, abusos físicos e verbais; impedimento da gestante de ter o acompanhante de sua escolha durante o parto; negligência e omissão de informações; não permissão de alívio para dor; procedimentos obstétricos sem comprovação científica ou que não foram necessários para o caso em questão etc.

Como assunto necessário de ser discutido, vide a porcentagem de mulheres em nosso país que sofre com ela, a violência obstétrica finalmente vem ganhando repercussão nas mídias. E, dentro do feminismo, se tornando um tópico cada vez mais recorrente, sendo uma pauta de destaque. Além disso, devido à crescente popularização do parto humanizado, esta e outras questões que giram em torno do tema, como a quantidade absurda de cesarianas eletivas feitas em nosso país, ganharam ainda mais atenção. O que não quer dizer que o caminho para acabar com esse tipo de violência tenha se tornado mais fácil.

Recentemente, inclusive, o Ministério da Saúde orientou que o termo "violência obstétrica" fosse evitado em documentos oficiais, já que essa expressão indicava uso intencional da força — o que, segundo o Ministério, não ocorria com profissionais da saúde, pois eles não tinham a intencionalidade de prejudicar ou causar danos às mulheres. Porém, o Ministério Público Federal lembrou que essas orientações desconsideravam o que a própria Organização Mundial da Saúde diz sobre o tema, sendo assim, o Ministério voltou atrás de sua decisão e reconheceu a legitimidade da expressão[10].

No entanto, isso é só uma amostra de como há uma enorme recusa em nosso país em admitir a realidade e a profundidade do assunto, reconhecer que é preciso rever a formação de nossos médicos (que falha grandemente em práticas humanizadas em obstetrícia) e que é preciso olhar com mais atenção para a integridade e a saúde, física e emocional, de mulheres grávidas.

Hoje em dia, não há nenhuma lei federal específica que caracterize a violência obstétrica como crime. O que torna ainda mais necessário que a população se informe e se politize sobre o tema, garantindo que essas práticas sejam detectadas e seus infratores sejam responsabilizados e punidos de acordo com seus atos.

Na luta feminista, muito se tem batalhado para isso e para que o tema seja encarado com

---

[10] Ministério da Saúde reconhece legitimidade do uso do termo 'violência obstétrica'. Disponível em: https://g1.globo.com/ciencia-e-saude/noticia/2019/06/10/ministerio-da-saude-reconhece-legitimidade-do-uso-do-termo-violencia-obstetrica.ghtml. Acesso em 24/08/2020.

mais seriedade, visando transformações palpáveis em nosso sistema de saúde. O que abrange não apenas a formação de obstetras com práticas mais humanizadas, como também uma mudança no nosso modelo de parto, nem um pouco focado nas necessidades fisiológicas da mulher.

COMO EDUCAR MENINOS EM UM MUNDO MACHISTA

Quando falamos sobre as mudanças que desejamos para o mundo, é essencial abordar a forma como estamos criando nossas crianças. Precisamos prepará-las para o que irão encontrar, mas é necessário também criá-las da forma como gostaríamos que esse mundo fosse. Se pretendemos mudar o pensamento da sociedade em busca de igualdade social, econômica e de gêneros, colocando fim ao sistema patriarcal, precisamos que meninos e meninas sejam criados da mesma maneira. Inclusive, em primeiro lugar, precisamos ter consciência de que eles são apenas crianças e que, por isso, precisam ser tratados tal qual crianças, da mesma forma.

Desde o nascimento do Benício, procuro educá-lo para que ele possua as mesmas noções de responsabilidade que eu ensinaria para uma menina, caso tivesse uma filha.

Vivemos em uma sociedade em que, infelizmente, muitos homens não sabem lidar com suas obrigações, deixando tudo a cargo das mulheres que fazem parte da sua vida.

Não à toa, como já falamos aqui, há inúmeros casos de homens que não assumem a responsabilidade até mesmo de seus próprios filhos, não participando nem ao menos de sua criação.

Por isso, o Philippe, meu companheiro e pai do Ben, e eu queríamos que nosso filho entendesse desde cedo o fato de toda ação possuir uma reação e que ele precisa se responsabilizar por suas atitudes. Algo que, em nossa sociedade patriarcal, é mais comum ser ensinado para meninas, o que perpetuando a ideia de que precisamos maternar homens pelo resto de nossas vidas.

Assim, respeitando o fato de ele ser uma criança, temos ensinado que, em casa, tudo funciona como uma cooperativa. Se ele derrubar um pouco de água no chão, por exemplo, ele mesmo já sabe que precisa pegar um pano e secar. Uma atitude simples, mas que ensina a ter responsabilidade pelas coisas que faz e deixa de fazer.

Como ele é criado pelo Philippe e por mim, acho fundamental que esse ensinamento parta de nós dois e não apenas de mim, a mãe. Ambos somos o exemplo para nosso filho e queremos que ele veja como todos possuem suas obrigações em um lar. Algo que acredito ser importante para o desenvolvimento de qualquer criança.

Porém, falo isso do meu ponto de vista, em que é possível essa divisão e solidariedade dentro de casa. Infelizmente, nem todas as famílias podem experimentar a mesma vivência. E, nesses casos, mesmo que o exemplo parta apenas da mãe ou da pessoa responsável pela criança, é importante que noções de responsabilidade sejam ensinadas desde muito cedo.

Outro aspecto enfatizado na criação do Ben e um assunto recorrente entre mães feministas é de, desafiando as suposições da sociedade sobre nossos filhos, o estarmos criando como garotos doces. Afinal, ensinar para uma criança a importância do carinho e cuidado é também uma forma de mostrar a necessidade de se importar com os sentimentos alheios. Algo tão difícil de vermos em uma sociedade em que homens matam mulheres por não saberem lidar com a rejeição, em que há tantos casos de pedofilia e abuso sexual, e em que o machismo diário já foi normalizado.

Há forma melhor de criar um ser humano do que o tornando uma criança empática, com senso de responsabilidade e solidariedade?

Uma criança respeitadora do espaço dos outros, sem vergonha de expressar seus sentimentos nem de saber que os fracassos também fazem parte da vida? Que cuide de si e das pessoas ao seu redor? Esses são os maiores ensinamentos que posso passar ao meu filho, para, no futuro, ele ser o homem que eu gostaria que todos fossem.

Sei que conforme o Benício crescer, ele terá contato com problemas e opressões existentes na sociedade. E, por muitas vezes, terá de lidar com a difícil dualidade entre o que aprendeu e sabe ser o correto, e o sistema em que estamos inseridos. Exatamente por isso, temos consciência de que não podemos esconder dele os males do mundo. E conforme o Ben crescer, é muito importante irmos conversando com ele sobre questões como machismo e preconceito, explicando o certo e o errado. Afinal, não podemos simplesmente ignorar a existência dessas violências, pois em algum momento ele terá contato com isso e será, inclusive, impulsionado pela sociedade a perpetuá-las.

O Ben, é claro, ainda é muito novinho para conversarmos sobre esses assuntos, mas quando esse momento chegar, já teremos todo um campo preparado para abordá-lo, pois estamos criando uma criança que tem noção de empatia, de respeito e de responsabilidade. E, consequentemente, uma criança que, quando tiver contato com esses assuntos, também ficará chocada e entenderá o quão equivocadas são essas opressões.

Inclusive, para ele ter esse discernimento no futuro, acho importante que saiba desde pequeno sobre a importância e o poder do "não". Em um sistema patriarcal como o que vivemos, é essencial fazer com que nossos meninos, os futuros homens de nossa sociedade, entendam o quanto eles precisam respeitar um "não" vindo de outra pessoa.

Porém, para meu filho entender que essa palavra realmente precisa ser levada a sério e ser aplicada em todas as situações e para todas as pessoas, independentemente das circunstâncias, mais uma vez cabe a nós, pais, darmos o exemplo, pois precisamos respeitar o seu "não". Para ensinar sobre consentimento para o Ben, tenho que respeitar o seu consentimento também. Significa que se eu fizer cosquinha na barriga do Benício, mas ele me pedir para parar, eu não farei mais. Assim como um beijo, um abraço ou qualquer outra brincadeira em que ele não se sinta à vontade. Sempre me coloco à disposição para conversar sobre o assunto, caso ele esteja triste ou chateado, mas respeito o seu espaço e sua negativa para que compreenda a necessidade de respeitar o espaço e a negativa dos outros.

É claro, nós é quem somos os adultos e os pais do Ben, e existem limites que ele não pode nem irá ultrapassar. Mas é impossível ensinar noções básicas de espaço, de intimidade, de maneiras de se expressar e de consentimento para as crianças se nós mesmos não agimos dessa forma.

Como vou dizer para o meu filho não gritar, se eu grito quando ele faz alguma coisa que não aprovo? Como vou explicar que opressões e violências são coisas ruins, se uso do grito para assustá-lo, para ele ter medo de mim em uma determinada situação? Qual é o reflexo que inspiro em sua criação quando falo uma coisa, mas pratico outra?

Tratar meu filho com respeito, limites e responsabilidade é, ao meu ver, o maior presente que posso dar a ele. A forma mais fácil e transparente para ele entender o que é certo e errado. Ele não é uma criança infeliz sendo assim. Ao contrário, Ben é muito amado e gentil, e possui uma noção das consequências dos seus atos bonita de se ver. Ele me dá muito orgulho e me mostra, todos os dias, que estou no caminho certo.

UMA MULHER CONTINUA A SER MULHER APÓS TER UM FILHO

Nossa sociedade é preconceituosa e incrustada de estereótipos, mas é especialmente doloroso perceber como muitos julgamentos são tão incisivos que conseguem até mesmo anular a individualidade de suas vítimas e fazer com elas se sintam culpadas por motivos completamente irracionais.

Vejo isso acontecer muito com mães, que são estereotipadas com uma imagem de pureza após terem seus filhos. É como se elas, a partir do momento que dessem à luz, perdessem sua identidade enquanto indivíduos, tornando-se exclusivamente mães e precisando corresponder a uma personificação desse status. Obviamente, esse tipo de coisa nunca tende a acontecer com homens, pois mesmo ao se tornarem pais, continuam a ser vistos da mesma forma pela sociedade, sem perder a sua individualidade. Essa imagem imaculada atribuída às mães faz com que muitos comportamentos, pensamentos e atos naturalmente vivenciados por homens e mulheres se tornem questionáveis quando feitos depois do parto. Como, por exemplo, experienciar uma vida social, pensar/falar sobre sexo e se vestir como desejar. Uma série de condutas tidas como "erradas" que tornam a sua experiência materna, para além de todos os dilemas e dificuldades naturais, ainda mais assustadora.

Por isso, é muito importante falar sobre a desconstrução de estereótipos. Ainda que muitas mães racionalmente saibam que não precisam corresponder a essa imagem, o julgamento e a opressão da sociedade continuam a existir. E colocam em xeque, inclusive, junto consigo, a capacidade de muitas de nós criarmos outro ser humano. Como se fôssemos menos mães por continuarmos a sermos mulheres.

Quando falamos sobre mães também possuírem desejos sexuais, há uma repressão enorme sobre o assunto, como se houvesse algo de impuro ou pecaminoso nessa realidade.

Isso é tão forte que muitas de nós chegam, inclusive, a ficarem mal por terem esse tipo de vontade, como se fosse feio ou sujo sentirmos algo assim.

É importante fazer um adendo e lembrar que, para além dessa discussão e devido a outras questões, existem mulheres que têm dificuldade para voltar a ter uma vida sexual ativa após terem um bebê. Especialmente nos primeiros meses, a falta de libido pode ser comum, pois além do cansaço excessivo, o corpo passa por mudanças hormonais profundas. Esse é um ponto importante a ser explicado, até mesmo porque há homens que não conseguem compreender esse período da mulher.

No entanto, outra questão da qual estamos falando aqui: os olhares reprovadores com os quais mulheres que são mães precisam lidar diariamente por não corresponderem a um estereótipo criado pelo nosso corpo social.

A lista de motivos é longa, mas um cenário comum de ser condenado pelos outros é o de sair de casa sem nossos filhos. Nestas situações, somos bombardeadas com perguntas sobre onde e com quem a criança está, sempre carregadas de um evidente tom de julgamento.

A crítica à figura materna que "sai da linha" é forte, e até mesmo quando saímos com nosso filho e ao lado de nosso companheiro, ocorrem situações inquisidoras. Eu mesma, quando estava com o Philippe e o Benício, já fui criticada por estar bebendo socialmente, enquanto nem olharam para o que meu companheiro estava fazendo bem ao meu lado.

Essas cobranças se tornam tão frequentes que, por diversas vezes, em momentos raros da maternidade em que pude ficar sozinha para espairecer minha cabeça, me senti mal por não estar com meu filho. Como se fosse minha obrigação estar grudada a ele a todo momento. O que é ruim, já que fere minha individualidade e me faz cair na cilada de tentar prendê-lo ao meu lado, criando-o para mim e não para o mundo.

É importante termos em mente que quando passamos a viver uma vida em função de nossos filhos, nos anulando a todo momento, é bastante provável que iremos tentar podá-los quando eles quiserem criar asas e voar, já que estaremos dependentes emocionalmente.

É preciso achar um equilíbrio e lembrar que tomar conta de nós mesmas também é uma forma de tomar conta daqueles que amamos.

Limitações, obviamente, irão surgir nesta fase porque agora estamos criando um outro ser humano, mas não precisamos seguir uma cartilha preestabelecida pela sociedade nem achar que dali para frente tudo será chato e metódico. Nossas vidas continuam, nossos sonhos não morrem e nossas vontades permanecem tal qual eram antes, podendo até ter outras diferentes.

Quando passamos a falar sobre maternidade com consciência, a desmitificar a imagem feita das mães e a responsabilizar os pais pelas suas respectivas funções, deixamos de ter mulheres sobrecarregadas, estereotipadas e que se sentem culpadas por exercerem suas individualidades. E, então, nos deparamos com mulheres felizes, em maternidades realizadas e que se sentem respeitadas enquanto indivíduos.

É preciso estar organizado

Se você acompanha redes sociais e portais de notícias, provavelmente já viu a palavra "militância". Assim como tantos outros termos referentes a movimentos que combatem opressões do nosso sistema, este ganhou bastante popularidade. E, assim como muitos deles, teve seu uso, na maioria das vezes, desvirtuado.

Militância tem sido confundida com qualquer tipo de problematização. Basta um questionamento sobre determinado assunto ser levantado e a reação das pessoas é uma só: dizer que alguém está militando sobre o tema e, de quebra, soltar uma frase já saturada nas redes sociais: "descansa, militante".

O problema é que o significado de militância vai muito além disso. É, na verdade, a ação de lutar diariamente por uma causa. Uma atividade feita na prática, que requer comprometimento e que costumamos chamar de "se organizar", ou seja, lutar coletivamente por mudanças efetivas, melhorando a vida de pessoas que não são apenas nós mesmos ou nossos pares.

Isso não significa ser impossível promover mudanças por intermédio da internet ou até mesmo que as pessoas falando sobre determinados assuntos por lá não consigam atuar efetivamente por uma causa. Eu mesma participo de um grupo de Facebook de mães feministas que conseguiu acolher e ajudar muitas mulheres, proporcionando grandes mudanças na vida das pessoas que fazem parte dele.

Mas é preciso ter em mente que apenas postar ou comentar sobre um determinado assunto na internet não transforma ninguém em militante.

E é problemático quando transformamos algo tão importante, que realmente faz parte da vida de inúmeras pessoas e promove mudanças positivas em nossa sociedade, em uma banalidade. Entender o que é militância e o real valor de se organizar diariamente é essencial para não tirarmos a importância dessa ação e para não desmerecermos quem realmente está dedicando seu tempo e seus esforços — com entrega, responsabilidade e visando o coletivo — a essa atividade.

MULHERES NO PODER QUE CONTRIBUAM COM PAUTAS FEMINISTAS

É curioso ver como nós, feministas, que estamos há bastante tempo envolvidas com o movimento, talvez por já termos vistos tantos casos de falsa representatividade se repetirem, conseguimos enxergar com mais facilidade discursos políticos que não estão realmente alinhados com o feminismo.

Hoje, muitas representantes políticas são elogiadas e exaltadas pelo seu "empoderamento", pois, para quem vê de fora, seus discursos são condizentes com as causas que defendemos. Porém, dentro do movimento, acredito que por estarmos envolvidas diariamente na luta por políticas públicas, há certos discursos que fazem acender uma luz vermelha de perigo em nossas cabeças, especialmente se não são populares e não pensam em interseccionalidades.

Essas situações são muito comuns, e é especialmente triste ver como muitas dessas candidatas conseguem construir tão bem a imagem de feministas, que mesmo não nos ajudando depois de eleitas, continuam a ser defendidas por outras mulheres. Além de injusta com o movimento, ela toma o lugar de candidatas que realmente estão interessadas em nos auxiliar.

Na realidade, isso é um reflexo de uma questão muito maior que enfrentamos em nosso país: a precária politização social. Infelizmente, essa é uma questão muito latente em nosso meio, tanto porque nós, brasileiros, somos costumeiramente desencantados com a política quanto por não nos sentimos diretamente retratados pelas figuras que estão no poder.

Há essa ideia geral de que políticos não estão do nosso lado, o que faz com que cada vez mais as pessoas se afastem do assunto e deixem de se importar com uma parte essencial da vida em sociedade. Uma prática que tem implicações diretas no nosso presente e futuro.

Os erros em todo esse assunto são o de achar que política e politicagem são a mesma coisa e o de não perceber que ser alguém politizado é a maior e melhor ferramenta para buscarmos por melhorias e elegermos pessoas que realmente nos representem.

No caso de mulheres que se dizem feministas, esse déficit é ainda mais grave. Como já discutimos, é muito contraditório uma pessoa se dizer parte do movimento, mas não se interessar em como ele é estruturado. É imprescindível que mulheres que se dizem feministas sejam politizadas, pois o próprio feminismo é um movimento político. Logo, apenas com esse conhecimento, elas entenderão pelo que estão lutando, quais são as reais propostas do movimento e como é possível identificar discursos rasos e falsos, mas que se dizem em prol da nossa causa.

Portanto, precisamos lutar por representatividade política e não para simplesmente termos mulheres no poder. Quando falamos em representatividade, estamos falando em elegermos mulheres que tenham um discurso feminista, interseccional, antirracista e ciente de seus deveres enquanto nossas representantes. E que, para além desse discurso, sejam atuantes nessas causas, pois de nada adianta termos representantes que digam pertencer ao movimento, mas não colocam suas ações em prática.

Precisamos de mulheres que, quando questionadas sobre noções básicas da nossa luta, saibam como responder e entendam sobre o que estão falando, pois aquilo realmente faz parte do que elas acreditam. Mulheres que, quando eleitas, defendam e lutem por nossas pautas, que são inegociáveis, em que não cabe dialogarmos por concessões. Precisamos de representantes que olhem especialmente pelos trabalhadores, homens e mulheres que estão diariamente na labuta, atuando como mão-de-obra para o país continuar a crescer. Sem eles, sabemos que o Brasil para de funcionar, ironicamente, eles também são uma das forças de trabalho mais desvalorizadas que existem.

Precisamos de mulheres que estejam ao nosso lado em seus discursos e ações.

Mulheres como Marielle Franco, talvez um dos exemplos mais recentes, diretos e claros a respeito do tipo de representatividade que buscamos.

Marielle era mulher, feminista, LGBTQIA+, negra, defensora dos Direitos Humanos e vereadora no Rio de Janeiro. Ela sempre uniu seu discurso à prática, não poupando esforços em ajudar diversos grupos oprimidos. Não se calou em nenhum momento mediante às injustiças, e foi assassinada em 2018, em um caso, ainda sem solução, que chocou o país.

Após sua morte, muitas *fake news* foram propagadas, buscando difamar sua imagem e ridicularizá-la de todas as maneiras possíveis. Mas sua voz continuou ecoando, sua luta se transformou em semente e ela se tornou um símbolo extremamente forte, poderoso e significativo na batalha por transformações sociais. Mesmo que até hoje tentem deslegitimar seu trabalho, ela segue sendo representatividade e exemplo de alguém que exerce sua função pensando no coletivo.

Queremos nos ver representadas por pessoas como Marielle, sejam elas homens ou mulheres. Um homem simpatizante ao movimento e do povo é mais relevante do que uma mulher que continua representando os direitos da burguesia ou atrelada a algum grupo político conservador. Isso soa óbvio ao ser apontado, mas nem sempre é entendido com tanta facilidade.

Há um estranhamento popular quando feministas endossam a campanha de candidatos homens, como se isso significasse que não apoiamos mulheres ou até mesmo uma traição à causa. Para nós, no entanto, o que importa é termos alguém com preparo e capaz de nos representar no Congresso, e se for necessário eleger um homem que dialogue com nossa causa, apoie os trabalhadores e que abra espaço em seu governo para mulheres promoverem ações políticas, iremos apoiá-lo.

Precisamos entender de uma vez por todas que representatividade vazia não é representatividade.

Além disso, necessitamos ser mais conscientes de nosso papel na sociedade, construindo uma relação com a política e aprendendo que esta, definitivamente, não é um assunto que se discute apenas às vésperas das eleições.

POLÍTICAS PÚBLICAS

Quando falamos sobre políticas públicas, nos referimos a todo tipo de políticas que influenciam diretamente o nosso dia a dia. O que também podemos chamar de políticas de promoção de direitos, ou seja, atividades implantadas pelo poder público que dizem respeito a questões primordiais do nosso cotidiano, como segurança, saúde, educação etc.

No entanto, falar sobre políticas públicas é complicado em nosso país. A relutância em nos politizarmos nos faz acreditar que o tema está distante da nossa realidade, de forma a não enxergamos como ele influencia nossas vidas direta e cotidianamente.

Isso se torna ainda mais problemático, visto que é importante entendermos como funcionam essas políticas e saber também de que forma devemos trabalhar para colocá-las em prática, trazendo melhorias para a população.

Para quem não está familiarizada com o assunto, o modo mais fácil de alcançarmos essas mudanças — sejam elas em nossa cidade, estado ou país — é elegendo representantes que se importem com essas pautas e trabalhem para resolver esses problemas. Na luta feminista, isso significa ter representantes que se preocupam com os direitos das mulheres, das gestantes, das puérperas, das lactantes e das que sofrem com diversos tipos de violências.

Mesmo nesses casos, no entanto, é preciso levar em conta também que um deputado pode formular um projeto de lei essencial para as nossas pautas, mas que só conseguirá ser aprovado se tiver força dentro da Câmara. Para isso, ele precisa que outros deputados votem a favor de sua proposta, mostrando que também se importam ou entendem a necessidade daquele projeto. Quanto mais representantes aliados conseguirmos eleger, maiores as chances de nossas lutas serem enxergadas com a urgência necessária.

Além disso, existe a possibilidade de não termos nenhum representante em nossa cidade, estado ou país alinhado com nossas pautas, o que torna o caminho para as mudanças que desejamos ainda mais longo e complicado. Nestas situações, é imprescindível fazermos barulho e pressionarmos os poderes públicos, o que costuma ser muito mais eficaz quando feito de maneira coletiva.

No começo deste capítulo, falamos sobre a importância da organização na luta feminista, mas a verdade é que estar organizado com outras pessoas é importante para qualquer mudança política que queiramos promover.

Quando falamos de pautas em nível nacional, por exemplo, é notório o quanto grandes mobilizações a respeito de um determinado assunto — de forma a fazer com que ele repercuta dentro de lares brasileiros —, têm efeito mais decisivo para que ações de fato aconteçam.

A mesma coisa acontece em um cenário municipal, quando um grupo ou coletivo se une para cobrar medidas mais efetivas dos governantes a respeito de algum problema recorrente na cidade.

Aqui mesmo, em Petrópolis, quando ainda nem tínhamos um coletivo feminista organizado, líderes políticas do município se uniram após denúncias de casos de violência obstétrica bastante graves. Entraram em contato com as famílias das vítimas para tentar compreender e auxiliar essas pessoas, para ajudar a pressionar para que providências fossem tomadas.

Além disso, no ano seguinte, durante a comemoração do 8 de março (Dia Internacional da Mulher) o coletivo já estava formado e divulgamos mais amplamente esse e outros temas, fazendo com que o ato virasse notícia nos jornais da cidade e fosse escancarado essas e outras questões para toda população.

Em união, as chances de um assunto repercutir, gerar comoção pública e chegar até nossos representantes com a importância e a urgência de que necessitam se tornam muito mais reais. E, consequentemente, também as medidas e iniciativas para resolvê-los.

Afinal, quais assuntos são esses? Apesar de existirem muitas pautas que necessitam de atenção, é importante entendermos quais são as mais urgentes a serem cobradas de nossos governantes. Ainda que todas sejam significativas, há problemas que estruturam muitas outras opressões em nossa sociedade e que dizem respeito a segurança, trabalho, educação e saúde das mulheres.

A violência doméstica, com certeza, é uma dessas questões, especialmente por ser uma das violências mais escancaradas, brutais e enraizadas de nosso sistema patriarcal. Ainda que muitos achem que a Lei Maria da Penha seja uma medida suficiente para contornar o problema, a verdade é que somos muito mal orientadas e amparadas. Muitas pessoas, por exemplo, nem sabem que é possível fazer uma denúncia anônima do crime caso não queiram se identificar.

Além disso, mesmo sendo de fundamental importância para o assunto, há uma falsa ideia de que com essa lei as mulheres ficarão resguardadas e protegidas o suficiente, quando, na realidade, a segurança de mulheres ainda é muito precária em nosso país.

Para se ter ideia, vemos mulheres sendo violentadas até mesmo ao fazerem uma denúncia de agressão em delegacias de defesa da mulher ou em delegacias comuns. Em geral, há um enorme despreparo para lidar com vítimas, expondo-as a perguntas e insinuações ofensivas e constrangedoras, tornando hostil o ambiente em que elas mais deveriam se sentir acolhidas.

Outra pauta urgente a ser cobrada é a dos direitos trabalhistas. Por mais que muitas pessoas acreditem termo evoluído muito neste aspecto, ainda temos muitas mães solo ou puérperas que são demitidas de seus empregos logo após o período de estabilidade a que tem direito. Não há nada capaz de impedir uma empresa de tomar esse tipo de atitude e isso está muito ligado ao nosso entorno machista.

A própria licença paternidade de apenas cinco dias prevista pela Constituição Federal faz parte desse sistema. Esse pouco tempo dado ao homem para ficar em casa nos primeiros dias de vida de seu filho, apenas perpetua a ideia de que é responsabilidade da mulher criar a criança.

De que adianta falarmos tanto sobre paternidade consciente se até mesmo dentro da lei, indiretamente, os homens não são responsabilizados por suas ações?

A cultura patriarcal, como um todo, é uma pauta extremamente urgente de ser discutida. Precisamos de políticas públicas focadas em desenvolver medidas educativas mais rigorosas no combate a violência de gênero. Nesse ínterim, o poder público poderia investir em palestras gratuitas sobre o tema, panfletos na rua e até mesmo um mês dedicado a campanhas sobre o assunto em todo o país.

Essas questões poderiam ser de caráter obrigatório dentro de empresas que fazem uma semana dedicada a palestras para seus funcionários. E, inclusive, fazer parte do calendário escolar, minando a cultura machista do nosso meio e até mesmo possibilitando que crianças reconheçam violências dentro de suas próprias casas.

Já no tocante a saúde, a lista de assuntos que precisamos trabalhar com urgência dentro de políticas públicas é longa. Desde campanhas de conscientização de prevenção a gravidez e IST (Infecções Sexualmente Transmissíveis) até a formação de profissionais da saúde com práticas mais humanizadas.

Neste último caso, como já falamos aqui, precisamos de ações que tornem esses profissionais capazes de compreender suas pacientes, em primeiro lugar, como indivíduos.

As práticas humanizadas não apenas tornam mais confortável a experiência de uma mulher dentro de um consultório médico, como também podem identificar possíveis violências pelas quais ela esteja passando.

Além disso, é muito importante aplicarmos esse tipo de conhecimento não apenas em hospitais públicos e particulares, mas também em postos de saúde. Os famosos "postinhos" têm um contato ainda mais intenso e direto com a população, e precisam funcionar com uma assistência médica que vá além de um simples atendimento. Esses postos podem mapear questões de saúde do bairro, investir em campanhas que ajudem na prevenção dos problemas detectados e contar com o auxílio de assistentes sociais para realizar um trabalho ainda mais humanizado. Isso tudo com fiscalização pública, imprescindível de ser feita, e garantindo que todas essas medidas sejam cumpridas.

Educação sexual

Ainda que seja natural e necessária, a educação sexual é vista de maneira equivocada e preconceituosa. Muitas pessoas a enxergam como um tabu, sem entender o quanto é importante para conhecermos melhor nossos corpos e, no momento adequado, darmos início a nossa vida sexual, preparados física e psicologicamente da melhor maneira possível.

É importante termos em mente a amplitude de temas que podem estar sob o guarda-chuva desse assun-

to, podendo ir desde explicar o que é um beijo para uma criança até a discussão da legalização do aborto, ou seja, questões que perpassam todas as fases e questionamentos da vida, nos ajudando a compreender nossos corpos, desejos e necessidades desde bebês até a vida adulta. Por isso, é necessário falar sobre educação sexual com nossas crianças. Respeitando a sua idade, precisamos conversar com elas de maneira franca e natural sobre os primeiros questionamentos que surgem sobre o assunto. E, gradualmente, conforme elas crescem e outras dúvidas surgem, as ajudarmos a serem adultos conscientes, responsáveis e maduros sobre essas questões.

Desde que me tornei mãe, sempre me informei a respeito do assunto, acompanhando especialistas da área que ensinavam a melhor maneira de lidar com o tema. Por isso, na criação do Ben, faço questão de explicar para ele coisas básicas, como a diferença entre o órgão sexual de uma menina e de um menino. Além disso, sempre os nomeei da maneira correta, os chamando respectivamente de pênis e vulva. Não pipi, florzinha ou qualquer outro apelido que muitos pais costumam dar, pois meu filho precisa naturalizar essas palavras para não crescer tendo vergonha de usá-las.

Como Lippe e eu servimos de exemplo para aquela criança, aprendemos que não podemos dar a entender que palavras como pênis e vulva não devem ser faladas ou, de alguma forma, estejam associadas a algo vergonhoso. Se reproduzimos esses termos de forma tímida, se damos a entender que elas são feias, se falarmos de maneira a parecer que há algum tipo de constrangimento no assunto, estamos ensinando o mesmo para nossas crianças.

A educação sexual na infância, no entanto, não fica apenas nessas questões. Saber explicar a respeito de toques e consentimentos para nossos filhos também é importante.

A criança precisa entender, por exemplo, que existem partes do seu corpo que, com consentimento, podem ser tocadas por qualquer pessoa, mas suas partes íntimas só podem ser tocadas para limpeza e por aqueles do seu ciclo de confiança. Um grupo de pessoas variável de família para família.

Eu converso absolutamente todos os dias com o Ben sobre esse assunto, e quando o Lippe ou eu damos banho nele, reforçamos que estamos encostando em seu pênis apenas para limpá-lo. Isso é essencial para ele conseguir identificar um possível toque abusivo ou entenda ao menos que, em uma situação assim, algo de errado está acontecendo. Se porventura isso ocorrer, ele provavelmente pedirá para a pessoa parar e nos contará sobre a situação estranha que viveu.

Da mesma maneira, também sempre falo com o Ben a respeito do consentimento sobre beijar outra pessoa. Sei que selinhos são normais em algumas famílias, mas escolhemos não agir dessa maneira em casa e explicamos para nosso filho que o beijamos na bochecha, pois "apenas adultos podem beijar na boca", como ele mesmo já repete, de tanto nos ouvir falar. Tendo conhecimento de todas essas questões, ele consegue até mesmo reproduzir o que sabe para outras crianças, alertando, por exemplo, que é errado beijar o amiguinho.

Quando olhamos a educação sexual sob esse viés, entendemos como é bem mais ampla do que supomos. E também como essa educação se faz necessária desde pequenos, quando estamos descobrindo o mundo. Um tipo de conhecimento que se constrói aos poucos, mas que nos torna adultos sexualmente mais conscientes e responsáveis.

A EDUCAÇÃO VEM DE CASA, MAS TAMBÉM DA ESCOLA

Um ponto a ser destacado sobre a importância da educação sexual em todas as fases da vida diz respeito a quem e onde se cabe ensinar esse tipo de assunto. Aqui, falamos sobre como os pais devem conversar com seus filhos, ainda pequenos, sobre o tema. Porém, não podemos nos esquecer de que, para além de famílias desestruturadas e sem conhecimento sobre essa temática, muitas vezes, a nossa própria educação sexual é falha, não nos permitindo ensinar tudo o que gostaríamos a nossos filhos.

É preciso fazer com que a educação sexual também esteja presente dentro das escolas, pois é fundamental.

O ensino funcionaria como um reforço para crianças que já conversam sobre o assunto dentro de casa e um esclarecimento para aquelas sem nenhum contato com o tema. Além disso, contar com a educação sexual nesses espaços pode ajudar a identificar abusos dentro dos próprios lares dessas crianças. Ora notados pelos professores, que percebem algo de errado em algum relato ouvido, ora até mesmo pela própria criança, podendo aproveitar o espaço para desabafar com o educador.

Ensinar, obviamente, não é apenas papel da escola, mas vivemos em sociedade, e para além das coisas que crianças são instruídas dentro de casa, elas têm contato com inúmeros outros aprendizados em seu entorno. Isso significa que aprender sobre educação sexual em locais de ensino, além de ampliar as informações, traz novos pontos de vista, e tornar o assunto ainda mais evidente para muitos alunos pode ser decisivo para a formação de uma criança que não debate essas questões dentro de casa, mas que tem contato com ela em outros lugares, nem sempre da maneira correta.

Ao contrário do que muitas pessoas pensam sobre o tema, a educação sexual ajuda a conscientizar crianças de que elas não precisam dar início cedo à sua vida sexual, seja por pressão social ou de uma pessoa em específico.

Quando elas têm contato com o tema desde pequenas, de maneira didática e gradual, tornam-se mais conscientes e responsáveis sobre esse tipo de situação. E, ao mesmo tempo, transformam-se em indivíduos mais informados e precavidos, tanto no que diz respeito a uma gravidez indesejada quanto até mesmo na transmissão de uma IST.

Sendo assim, unir o aprendizado sobre educação sexual vindo de casa com o da escola é benéfico em todos os aspectos. Além de impactar muito mais crianças do nosso meio social e evidenciar um assunto tão necessário, essa junção torna seus questionamentos mais naturais, acabando com tabus e preconceitos ainda presentes em nossa sociedade.

A FALSA IDEIA DO "SÓ ENGRAVIDA QUEM QUER"

É impossível falarmos sobre educação sexual no Brasil e não olharmos mais atentamente para a falácia "só engravida quem quer". Em um país onde ainda há uma enorme falta de acesso à informação e esse tipo de educação é vista com maus olhos, é absurdo e extremamente machista acreditar que a gravidez é uma escolha para todas nós. Inclusive, quem se preocupa em aprender sobre educação sexual, sabe bem que essa é uma realidade distante para a maior parte das mulheres, já que até mesmo métodos contraceptivos não são totalmente seguros.

Quando paramos de olhar apenas para dentro da nossa bolha, em que mulheres frequentam o ginecologista ao menos uma vez por ano, passamos a enxergar uma parcela da população com uma realidade absolutamente distante da nossa e que não conhece informações básicas a respeito de educação sexual.

Situações e realidades como não frequentar um ginecologista, não saber a forma correta de tomar uma pílula anticoncepcional, não saber que outros remédios podem interferir na eficácia da pílula, não ter noções básicas de como funciona o seu próprio corpo e muitos outros déficits a respeito do assunto.

Além disso, ao analisarmos essa falácia com mais atenção, notamos também o quanto esse pensamento está intrinsecamente ligado ao sistema patriarcal em que vivemos. A forma como nossa sociedade cria homens e mulheres influencia diretamente em como enxergamos não apenas a gravidez, mas a vida sexual como um todo.

Enquanto meninas, na maioria das vezes, são incentivadas a se "resguardar" e se preocupar com sua proteção, pois, do contrário, virarão sinônimo de "vergonha" para a família. Em contrapartida, homens são estimulados a ter uma vida sexual ativa e com diversas parceiras. Isso faz com que muitos deles não se preocupem em usar camisinha na hora do sexo e até mesmo as tirem durante o ato, sem contar para a companheira.

Nesse ínterim, o ato sexual costuma se relacionar apenas como prazer para homens, enquanto mulheres estão constantemente sendo lembradas da importância da prevenção. A responsabilidade quase sempre recai no colo feminino, até mesmo em atendimentos médicos, quando somos questionadas e lembradas sobre métodos contraceptivos, mas os homens, por outro lado, raramente recebem o mesmo tipo de tratamento.

Quantas vezes, aliás, nos depararmos com a notícia de uma jovem grávida e ouvimos comentários como: "Ela sabia muito bem o que estava fazendo!", enquanto a respeito do pai é dito: "Coitado, acabou com a vida do rapaz". Como se a culpa da gravidez fosse exclusivamente da mulher e o homem não tivesse a mesma parcela de envolvimento e responsabilidade pela situação.

Por isso tudo, sabemos que falar sobre gravidez no Brasil continua sendo, infelizmente, complicado.

Além de toda a estrutura machista na qual estamos inseridas, temos uma sociedade que acha vergonhoso falar sobre sexo.

Quando uma menina engravida por falta de acesso à informação, ela é condenada em um piscar de olhos. Esse pensamento não se desconstrói do dia para a noite, mas precisa ser confrontado com educação sexual de qualidade para todos e em todas as idades, com acesso à informação e aos métodos contraceptivos, e com o entendimento de que medidas preventivas também falham.

PRECISAMOS FALAR SOBRE A LEGALIZAÇÃO DO ABORTO

Vivemos em um país majoritariamente cristão, e apesar do Estado laico, grande parte de nossas decisões e julgamentos se veem entrelaçados a questões religiosas.

A legalização do aborto é, talvez, um dos temas que mais sofre por conta desse olhar, pois se debate pouco sobre o problema de forma realista em detrimento dessas crenças.

Segundo o Código Penal Brasileiro, atualmente, o aborto induzido é crime. Porém, ele não é qualificado como tal se a gravidez apresentar risco de morte para a gestante, se o feto for anencefálico ou se a gravidez for resultado de um estupro[11].

Este último caso, aliás, gerou um grande debate em agosto de 2020, quando uma garota de apenas dez anos de idade engravidou após ter sido estuprada pelo tio. Com seu aborto autorizado pela justiça, a menina foi encaminhada para realizar o procedimento, mas em um ato bárbaro, teve seu nome e o do hospital divulgados. Em um cenário completamente chocante, um grupo de extremistas religiosos organizou um protesto em frente ao local, tentando impedir o procedimento, hostilizando a vítima e gritando que o médico responsável pela interrupção da gravidez era um "assassino"[12].

Essa atrocidade, no entanto, é apenas um reflexo em maior escala de como a sociedade costuma colocar a religião à frente do bem-estar, da saúde física e psicológica e da vontade das mu-

---

11 Aborto — o que diz a lei. Disponível em <https://examedaoab.jusbrasil.com.br/artigos/414535657/aborto-o-que-diz-a-lei>. Acesso em 30/08/2020.
12 Barroso vê 'fanatismo religioso' e diz que aborto de menina de 10 anos foi 'interrupção legítima'. Disponível em <https://g1.globo.com/politica/noticia/2020/08/21/barroso-ve-fanatismo-religioso-e-diz-que-aborto-de-menina-de-10-anos-foi-interrupcao-legitima.ghtml>. Acesso em 30/08/2020.

lheres. Tanto que, mesmo em casos como esse, em que houve estupro e o aborto foi permitido por lei, a vítima (uma criança de apenas dez anos de idade!) teve dificuldade em realizá-lo, além de ter sido insultada, atacada e exposta.

Inclusive, há quem condene o aborto dizendo que em casos de estupro até aceita o procedimento, mas que, em outra situação, não acha correto, já que estamos falando de uma vida. Para essas pessoas, no entanto, eu pergunto: se a questão aqui é a morte, por que aceitar a interrupção da gravidez em um determinado caso e, em outro, não? Não se considera que houve morte em um aborto realizado devido a um estupro, mas nas outras situações, sim? Qual é a diferença?

No Brasil, sabemos que o aborto feito devido a um estupro é legalizado até a 12ª semana de gestação porque o sistema nervoso central do feto ainda não foi completamente formado, ou seja, até esse momento não há sinal de atividade cerebral e, consequentemente, não há dor nem vida envolvidas. Vários países possuem o aborto totalmente legalizado até a 12ª semana de gestação da mulher, já que se entende que não há morte nesse procedimento.

Não há, portanto, como defender que a descriminalização do aborto nessas circunstâncias estaria tirando a vida de uma criança, isso nos leva a questionar até que ponto a morte é o grande problema (que, reiterando, não existe nessas circunstâncias e não é questionada por muitos em caso de estupro) ou a moralidade de nossa sociedade, que acha que se a mulher se sujeitou a transar, deve arcar com as consequências de seus atos. Como se ser obrigada a dar à luz a um bebê não planejado e desejado fosse uma punição por "ter aberto as pernas".

Há ainda quem, diante disso, diga que se a mulher não quer ser mãe, em vez de abortar, deve dar à luz e colocar a criança para adoção. Nem se preocupando com as milhares de crianças que estão em abrigos, muitas vezes, não possuem a assistência devida. Além disso, há aqueles que quando veem um jovem se rendendo ao mundo do crime por ter vindo de uma família sem nenhum tipo de educação sexual, cheia de filhos, desestruturada e sem dinheiro, são os primeiros a falar sobre pena de morte, sendo esses os mesmo que se dizem em prol da vida.

Quanta hipocrisia, não? Só nos resta concluir que essas pessoas não defendem a vida, mas o nascimento de uma criança, independentemente das circunstâncias. Assim como o próprio Estado já faz, ao falar tanto sobre a importância do feto, mas não auxiliar a criança a ter uma vida digna a partir do momento em que nasce.

E, assim, seguimos, com a sociedade chamando o Bolsa Família de "Bolsa Esmola", com a falta de assistência básica de saúde, com a crescente falta de vagas em creches e, consequentemente, com a mãe ou o pai dessa família não podendo trabalhar nem colocar dinheiro dentro de casa. Mas, pelo menos, uma criança nasceu, não é mesmo?

Não podemos fechar os olhos para os abortos clandestinos que ocorrem por si só. Segundo dados do próprio Ministério da Saúde, cerca de um milhão de abortos induzidos ocorrem todos os anos no país. A grande diferença entre eles, no entanto, está em como mulheres ricas abortam em clínicas de maneira segura, enquanto as pobres fazem abortos arriscados, às vezes, tomando remédios por conta própria, correndo o risco de terem enormes complicações e morrerem.

Para quem realmente diz se preocupar com a vida, é importante questionar quantas mulheres já morreram por tentar abortar em condições completamente inseguras.

Muitas vezes, os meios clandestinos são o único caminho possível para não oferecer uma vida de miséria e tristeza para outro ser humano. Além disso, vale pontuar que países onde o aborto foi descriminalizado, os número diminuíram ao longo do tempo.

No Brasil, a discussão desse assunto exige que olhemos de maneira realista para um cenário muito mais amplo do que aparenta ser à primeira vista. Além da clara questão da moralidade e da religiosidade que servem como parâmetro para esse julgamento, punimos a mulher e a criança a uma vida que ambas não mereciam.

Falar sobre aborto legalizado, portanto, implica não apenas conceder à mulher o direito de escolha sobre seu próprio corpo, como também contar com uma rede de assistência psicológica, comum em países em que o procedimento foi descriminalizado, que as oriente e as ajude a ter certeza daquela decisão, passando pelo processo da maneira mais tranquila possível. O que, por vezes, resulta na desistência do aborto, já que muitas mulheres se sentem amparadas e mudam de ideia ao terem acesso a informação e orientação correta, sem viés ideológico ou religioso.

Além disso, falar sobre a descriminalização do aborto significa também uma menor taxa de mortalidade entre mulheres, pois elas poderão interromper a gravidez com segurança. Significa menos gastos para o sistema de saúde, que não precisará lidar com casos de aborto mal-sucedidos. Significa um atendimento mais humanizado com mulheres que tiveram um aborto natural, mas que, ao chegarem ao hospital, recebem olhares desconfiados por serem suspeitas de terem tentado provocá-lo.

Falar sobre a descriminalização do aborto é, inquestionavelmente, falar sobre educação sexual e ensinar que a responsabilidade da prevenção funciona na mesma medida para homens e mulheres.

E caso os métodos falhem e a mulher decida não levar sua gravidez adiante, ela terá seu direito resguardado, pois aquela decisão cabe a ela e não a uma sociedade punitivista, hipócrita e falsamente moralista.

Como a pandemia escancarou as diferenças sociais

Há uma famosa frase de Simone de Beauvoir que diz: "Basta uma crise política, econômica ou religiosa para que os direitos das mulheres sejam questionados". E o presente é a prova viva de que ela estava certa.

Todas as pessoas que viveram o ano de 2020 sabem da crise de saúde que afetou e, enquanto escrevo este livro, ainda afeta todo o mundo. A pandemia do covid-19 chegou como um tsunami de problemas e tristezas, refletidos obviamente no sistema de saúde e nos altos números de mortalidade, mas também nos setores econômico e social de muitas nações.

No Brasil, desde que ela começou, as denúncias de violência contra a mulher aumentaram escancaradamente. No estado de São Paulo, por exemplo, o acréscimo foi de 44,9%, segundo o Fórum Brasileiro de Segurança Pública (FBSP). Porcentagem essa que tende a ser ainda maior, já que, muitas vezes, mulheres não denunciam seus agressores, sendo um reflexo assustador do isolamento domiciliar, que fez vítimas passarem mais tempo trancafiadas com seus algozes.

No tocante às questões de gênero, aliás, a pandemia trouxe outras estatísticas aterrorizantes. De acordo com dados do Sistema de Informação da Vigilância Epidemiológica da Gripe (Sivep-Gripe), somos o país com o maior número de mortes de gestantes e puérperas devido à covid-19. Até a primeira semana de agosto, haviam sido mais de duzentas.

A falta de acesso a um atendimento rápido e adequado é apontada como uma das principais causas desse índice, mas outro fato salta aos olhos: mulheres pretas gestantes com covid-19 têm o dobro de chances de morrerem em comparação às brancas. Uma realidade que, infelizmente, se reflete em toda a população negra que morre mais do que a branca nos hospitais.

Triste por si só, a pandemia vem evidenciando cada vez mais essas disparidades e nos obrigando a encarar problemas que eram jogados para debaixo do tapete.

Uma questão econômica que chamou bastante atenção, por exemplo, foi a criação do auxílio emergencial, um benefício aprovado pelo Congresso Nacional e sancionado pela Presidência da República, feito para amparar aqueles que estão em situação de vulnerabilidade. Desde o seu anúncio, inúmeros problemas surgiram em sua implementação, levando a uma grande insatisfação dos trabalhadores.

A princípio, ocorreu o primeiro entrave durante a solicitação do benefício, feito apenas pelo site ou pelo aplicativo do auxílio emergencial. Levando em conta que vivemos em um país onde nem todas as pessoas têm acesso à internet, uma parcela da sociedade em extrema situação de vulnerabilidade se viu impossibilitada de contar com esta ajuda.

Em seguida, vieram também os casos de pessoas que, mesmo com esse acesso e precisando do auxílio emergencial do governo, não se enquadraram nos requisitos para recebê-lo. Trabalhadores se viram completamente desesperados pela reabertura do comércio para que voltassem ao trabalho, não porque não acreditassem na doença, mas porque precisavam trabalhar e colocar comida dentro de casa.

Por fim, entre aqueles que conseguiram pedir o auxílio, em muitos casos, houve ainda uma grande demora do pagamento, o que também os obrigou a saírem de casa para trabalhar, mesmo colocando sua própria vida em risco. Algo triste de se ver.

Diferente do que muitos pensam, a quarentena não deveria ser um privilégio, mas um direito das pessoas se manterem seguras dentro de casa.

Ainda falando sobre o auxílio emergencial, algumas mães solo também contaram com um outro agravante para conseguirem essa ajuda: segundo a lei, essas mulheres, por sustentarem seus filhos sozinhas, deveriam receber o dobro do valor convencional. Porém, denúncias feitas à justiça mostraram que alguns pais dessas crianças também cadastraram o CPF dos seus filhos, as impossibilitando de receberem o valor correto.

Vale lembrar que com a flexibilização do comércio e gradual reabertura de alguns locais, muitos trabalhadores precisaram voltar às ruas. Mas, mulheres, principalmente, esbarraram com um grande problema nesse retorno: onde deixar seus filhos, enquanto escolas e creches estão fechadas? Em alguns casos, quando possível, elas os levam para o trabalho, mas, em outros, acabaram sendo demitidas e com ainda mais problemas financeiros para resolver.

Diante de todos esses obstáculos, é notório como a pandemia escancarou muitas outras questões sociais, econômicas e políticas.

Em momentos históricos como este, fica ainda mais evidente quem são as pessoas desamparadas pelo governo, as que diariamente estão expostas a perigos e quem morre por falta de assistência e cuidados. Em situações assim, saltam aos olhos as diferenças sociais que nos cercam, os preconceitos institucionalizados, o machismo diário e as muitas maneiras de violências, explícitas ou veladas, que certos grupos sofrem.

Escrever um livro sobre feminismo neste momento teve um peso ainda maior. Sabia que era preciso falar sobre a importância da nossa luta e das inúmeras questões de gênero que enfrentamos, mas sem me esquecer da existência de tantas outras violências ao nosso redor.

Das opressões tão enraizadas, dolorosas e sistematicamente aplicadas por nossa sociedade. Espero que essa minha missão tenha sido alcançada.

Por fim, fica aqui o meu desejo de que os estragos e a tristeza causados pela pandemia consigam ser minimamente controlados. E de que o feminismo nunca se esqueça das opressões que deve confrontar, indo além e combatendo-as sempre em igual medida.

DANIELA MORAES BRUM

Hoje, o feminismo está em todos os lugares, então, espero que este livro te ajude a encontrar o seu lugar no movimento e a sempre questionar não só o seu lugar nas lutas, mas, também, para quem está lutando.

Siga a autora nas redes sociais:

◎ @feminiismo
@danimoraesbrum

🐦 @danibrum

Primeira edição (novembro/2020)
Papel de Capa Cartão Triplex 250g
Papel de Miolo Pólen Bold 70g
Tipografia Adobe Caslon Pro e FjallaOne
Gráfica Lis